会计真账一本通

商业企业（小规模纳税人）全盘账务处理

主编　乔秀萍　徐新娴　陈　野

立信会计出版社

LIXIN ACCOUNTING PUBLISHING HOUSE

图书在版编目（CIP）数据

会计真账一本通. 商业企业（小规模纳税人）全盘账务
处理 / 乔秀萍，徐新娴，陈野主编. --上海：立信会计出
版社，2021.12（2022.5 重印）
ISBN 978-7-5429-7035-0

Ⅰ. ①会… Ⅱ. ①乔… ②徐… ③陈… Ⅲ. ①商业
会计-账务处理 Ⅳ. ①F231.2

中国版本图书馆 CIP 数据核字（2021）第 281232 号

责任编辑 　王斯龙

会计真账一本通——商业企业（小规模纳税人）全盘账务处理
KUAIJI ZHENZHANG YIBENTONG SHANGYE QIYE XIAOGUIMO NASHUIREN QUANPAN ZHANGWU CHULI

出版发行	立信会计出版社
地　址	上海市中山西路 2230 号　　邮政编码　200235
电　话	（021）64411389　　传　真　（021）64411325
网　址	www.lixinaph.com　　电子邮箱　lixinaph2019@126.com
网上书店	http://lixin.jd.com　　http://lxkjcbs.tmall.com
经　销	各地新华书店

印　刷	常熟市华顺印刷有限公司
开　本	787 毫米×1092 毫米　1/16
印　张	23
字　数	603 千字
版　次	2021 年 12 月第 1 版
印　次	2022 年 5 月第 2 次
印　数	3 001—6 100
书　号	ISBN 978-7-5429-7035-0/F
定　价	94.00 元

如有印订差错，请与本社联系调换

前　言

　　本书共十部分,从企业人才需求出发,以实务为导向,以培训会计上岗能力为目标,内容涵盖新设企业注册登记、筹办期业务、日常业务、月末业务、年末业务以及小规模企业的发票开具、纳税申报、工商年度、汇算清缴等业务。

　　本书根据最新财税政策编写,采用情景式的思路,结合情景案例,高度还原业务票据,详细介绍了小规模企业账务处理的流程与技巧。

　　为了更直观地再现会计实务操作,读者可自行购买记账凭证、会计账簿等工具进行手工账务处理。书中所涉及的案例、题目中的姓名、单位、地址、日期、身份证号码、银行相关信息等,仅为所阐释的内容和引导思考而编写,如有雷同,纯属巧合。

　　本书由乔秀萍、徐新娴、陈野担任主编。具体编写分工如下:乔秀萍负责编写第一部分至第五部分的内容及票据整理;徐新娴负责编写第六部分至第八部分的内容及票据整理;陈野负责第九部分、第十部分的内容及全书统稿。

本书编写组

2021 年 12 月

目　录

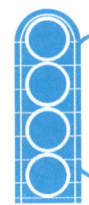

情 景 导 入

　　方芳是一位毕业刚满一年的职场新人,在一家商贸公司担任出纳的工作。在这一年里,方芳不仅掌握了出纳岗位的各项技能,还通过自己的努力,获得了初级会计资格证书,并且学习了会计实操相关课程,积累了一定的工作经验。这时方芳有技能和证书在手,希望能成为一名真正的会计。

　　贺勇和李阳准备新设一家有限责任公司开展运动服装销售业务,需要办理很多手续,后期也需要有人负责公司的财务工作,正好需要招聘一名会计。方芳看到招聘信息后,前来面试。两位老板觉得这个小姑娘聪明好学,各方面都符合该岗位的要求,于是决定录用她。终于,方芳成为一名会计。

　　公司新成立,方芳就忙活了起来。一开始,需要办理新设企业的全套手续,包括名称核准、工商注册、银行开户、税务登记等。之后,方芳负责公司的财务工作,从新建账套开始,下面我们就跟着方芳一起来学习会计实操吧!

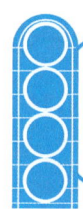

第一部分　注册登记

一、设立企业类型

创业者在创业之初最先考虑的问题就是应该成立一个什么样的企业,以一个什么样的法律组织来经营企业。这是新办企业在工商注册时,必须考虑的一项内容。组织形式的种类和特点如表1-1所示。

表1-1　组织形式的种类和特点

组织形式		承担责任	所得税	特点
个体工商户		无限责任	个人所得税	个体工商户不具备法人资格;不可设立分支机构
个人独资企业		以个人财产对债务承担无限责任	个人所得税	由一个自然人投资,财产为投资人个人所有
合伙企业	普通合伙企业	无限连带责任	个人所得税	2人以上,合伙人共同出资,共同经营,共享收益,共担风险
	有限合伙企业	普通合伙人:无限连带责任 有限合伙人:以认缴出资承担有限责任		
公司制企业	有限责任公司	以出资额为限	企业所得税	必须在公司名称中注明"有限责任公司"或者"有限公司"字样。股东不得多于50人
	股份有限公司	以认购的股份为限		必须有2~200名发起人,股东人数无限制

二、新设企业注册登记

(一)前期准备

在成立公司之前,权益人召开会议,就新设企业相关前期准备进行讨论,确认无误后即可执行。方芳也参与了会议,编制了会议纪要(图1-1),并存档备查。

会议纪要

〈2021〉01号

江东东方服饰有限公司（筹）

会议时间： 2021年10月15日 09:00–10:00

会议地点： 公司会议室

主持人： 贺勇

参会人： 贺勇、李阳

记录人： 方芳

会议主题： 成立新公司

会议内容：

经投资人确定，决定设立新公司，现就新公司相关事宜进行讨论确定。

1.公司拟定名称：江东东方服饰有限公司。

2.公司办公地址：江东省江州市沿江东路88号。

3.公司类型：有限责任公司。

4.选举贺勇为本公司法定代表人。

5.公司经营范围：服装（主要是男女运动服套装）、包装制品、服饰辅料制造、销售；服装设计；国内一般贸易；货物、技术进出口；特种劳动防护用品生产；口罩、防护服销售等。

6.注册资本及股权分配：人民币100万元整。其中，贺勇占股份80%，认缴资本80万元整。李阳占股份20%，认缴资本20万元整。

图 1-1 会议纪要

(二)注册登记

注册登记流程如表 1-2 所示。

表1-2 注册登记流程

流程	事项	具体办理流程	费用
1	新设名称申报	网上申请名称核准	无
2	内资公司设立	网上申请设立登记	无
3	多平台一表制信息录入	网上填报	无
4	领取营业执照及企业印章	通知领取	无
5	银行开户	就近选择银行办理开户手续	开户费
6	社保开户	网上申请社保开户	无

1. 新设名称申报

通过登录地方市场监督管理局官网进行网上办理。先由经办人进行注册,注册成功后即可进行新设名称申报。各省份的网上登记系统略有不同,具体根据实际情况进行申报(此处以江苏省为例)。

◉步骤一:登录"江苏省企业开办——全链通"注册办理

可以登录江苏政务服务网,点击首页企业全链通服务专区,选择"开办专区",接着选择"我要办证",然后注册用户名并登录(图1-2)。

图1-2 登录

◉步骤二:新设名称申报,按要求填写信息

申报步骤:①确定申报事项→②填写名称信息→③填写人员信息→④确认填报信息→⑤完成。

1)确定申报事项(图1-3)

图1-3 确定申报事项

2）填写名称信息

（1）企业名称组成要素：行政区划、字号、行业特点、组织形式(图1-4)。

图1-4 企业名称

(2) 企业名称有下列情形之一的,不予核准:

○ 同一市场监督管理机关核准或者登记注册的同行业企业名称字号相同,有投资关系的除外;

○ 与其他企业变更名称未满 1 年的原名称相同;

○ 与注销登记或者被吊销营业执照未满 3 年的企业名称相同;

○ 其他违反法律、行政法规的;

○ 企业自己根据文字翻译成外文,并且没有报市场监督管理机关核准登记。

3) 填写人员信息(图 1-5)

图 1-5 填写人员信息

4) 确认填报信息(图 1-6)

第
一
部
分

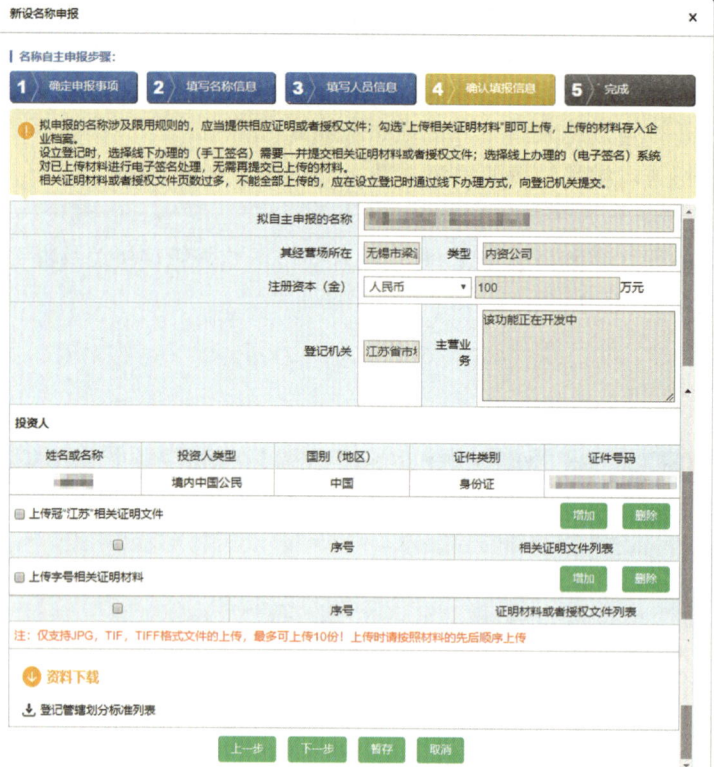

图1-6　确认填报信息

5）完成（图1-7）

图1-7　完成

附：

市场主体自主申报名称信用承诺书如图1-8所示。

市场主体自主申报名称信用承诺书

我们已认真阅读了《企业名称登记管理规定》《企业名称登记管理实施办法》和《市场主体名称自主申报须知》，并对照《企业名称禁限用规则》《企业名称相同相近比对规则》，确定选择 ████████ ████ 自主申报预选号：████████

作为本企业名称，并承诺如下：

1. 已知晓企业名称自主申报系统查询出的可能近似企业名称信息（名称查询清单附后），经过慎重考虑，选择申请该名称。

2. 自觉服从登记机关规范指导，在办理企业登记时，如登记机关发现企业名称违反名称登记规定或提交的材料与实际不相符的，不予登记的责任由全体投资人承担。

3. 在今后的经营活动中，企业将规范使用企业名称，不侵犯他人企业名称权、商标权或其他知识产权，不损害他人的合法权益。如果与在先企业名称相近产生了名称争议，或造成了公众误认，本企业愿意服从登记机关裁决和法院判决，被要求更改企业名称时，将主动申请名称变更登记。

4. 本企业愿意承担因名称争议所产生的一切后果和民事法律责任。

5. 同意登记机关将本承诺信息通过企业信用信息公示系统和主流媒体向社会公示。

投资人签字及盖章：

企业（盖章、签字）：

年　月　日

备注：企业申请设立登记时，由全体投资人签署；企业申请名称变更登记时，由企业法定代表人签字，加盖企业公章。

1/2

图1-8　市场主体自主申报名称信用承诺书

名称查询清单如图1-9所示。

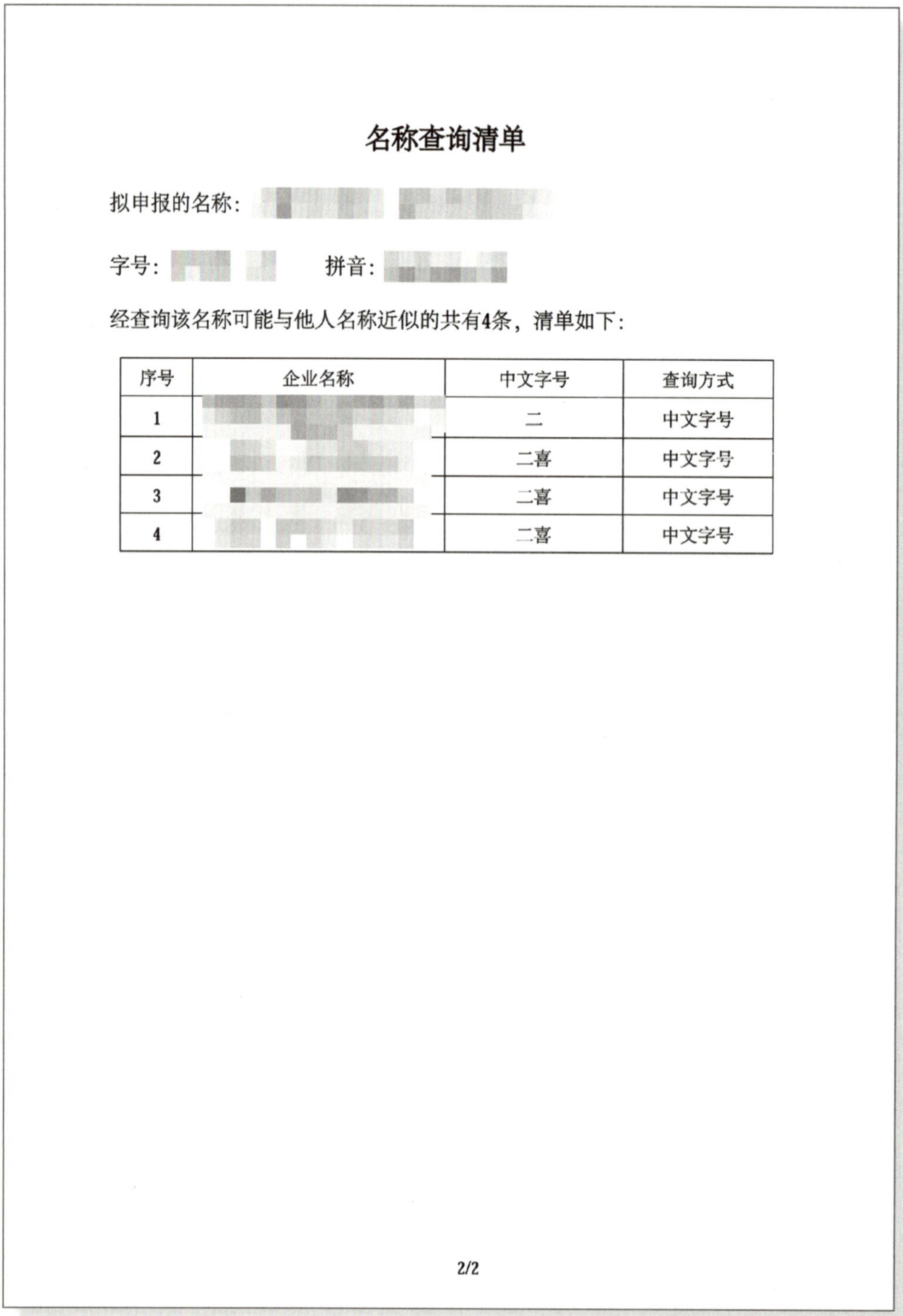

图1-9　名称查询清单

市场主体自主申报名称预留告知书如图 1-10 所示。

市场主体自主申报名称预留告知书

自主申报预选号：320000Z00096259

你代表委托方自主申报的█████████████企业名称，已被预留。

投资人信息：

姓名或名称	设立人类型	国别（地区）	证件类别	证件号码
██	境内中国公民	中国	身份证	████████

该名称保留期至████████ 请在保留期内办理企业登记相关手续。保留期届满前未办理登记手续的可申请延长一次保留期。在保留期内，该名称不得用于经营活动，不得转让。

注：1.申请人办理设立登记或者名称变更登记时，需向登记机关提交《市场主体自主申报名称信用承诺书》；

2.预选的名称需要提交相关证明材料的，在办理企业登记时一并提交给企业登记机关；

3.在办理企业登记时，如登记机关发现企业名称违反名称登记规定或提交的材料与实际不相符的，有权要求申请人更换名称或不予登记。

1/1

图 1-10　市场主体自主申报名称预留告知书

2. 内资公司设立

申请流程:①填写名称信息→②住所/生产经营地址填写→③确认股东信息→④董监事信息填写→⑤人员信息填写→⑥完成。

(1)填写名称信息(图1-11)。

名称申报成功

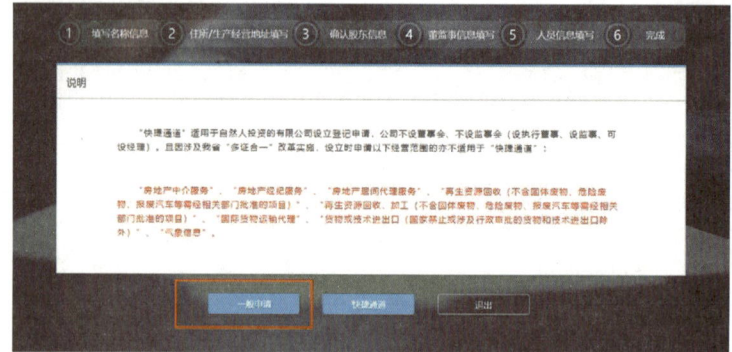

输入自主申报预选号

图1-11 填写名称信息

（2）住所/生产经营地址填写（图1-12）。

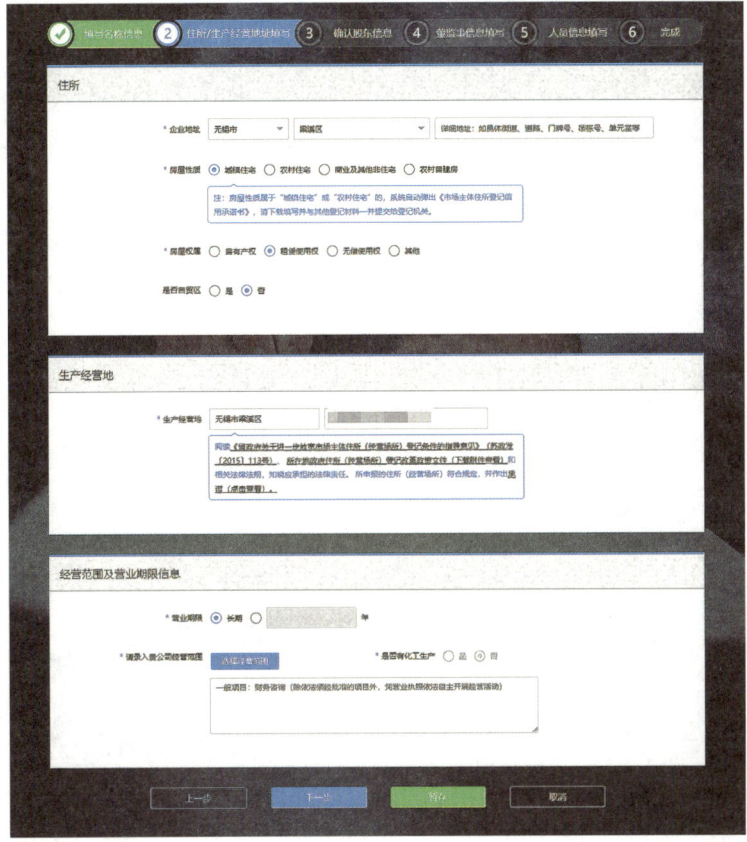

图1-12 住所/生产经营地址填写

（3）确认股东信息（图1-13）。

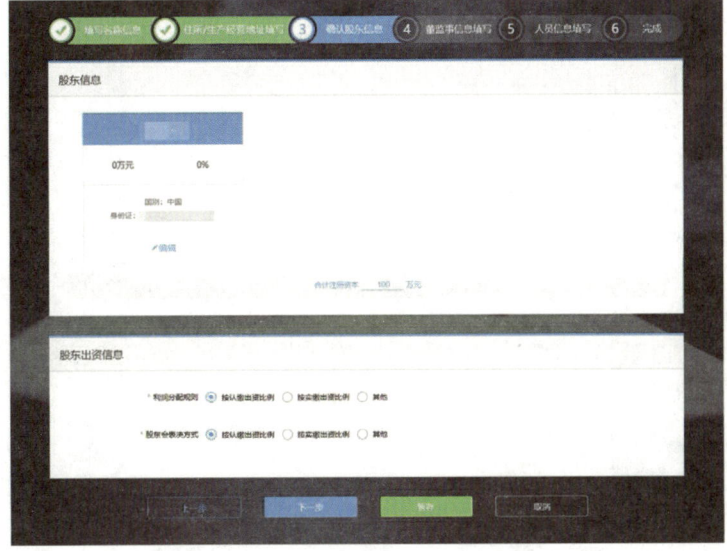

图1-13 确认股东信息

（4）董监事信息填写（图 1-14）。

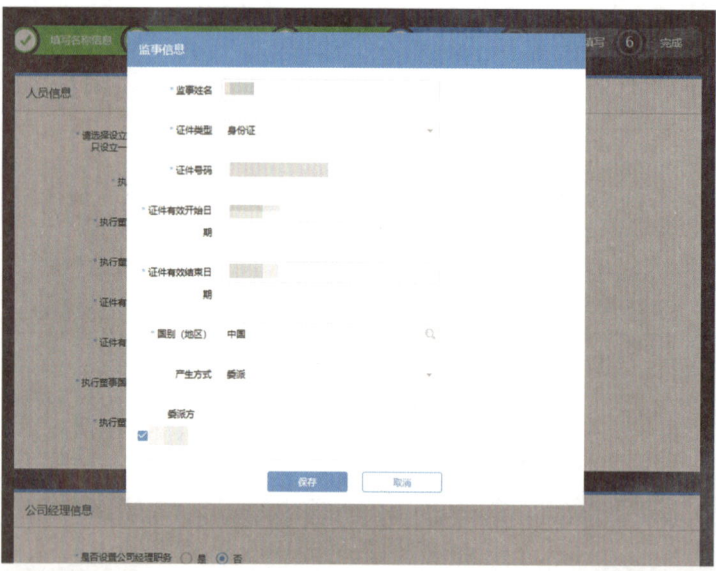

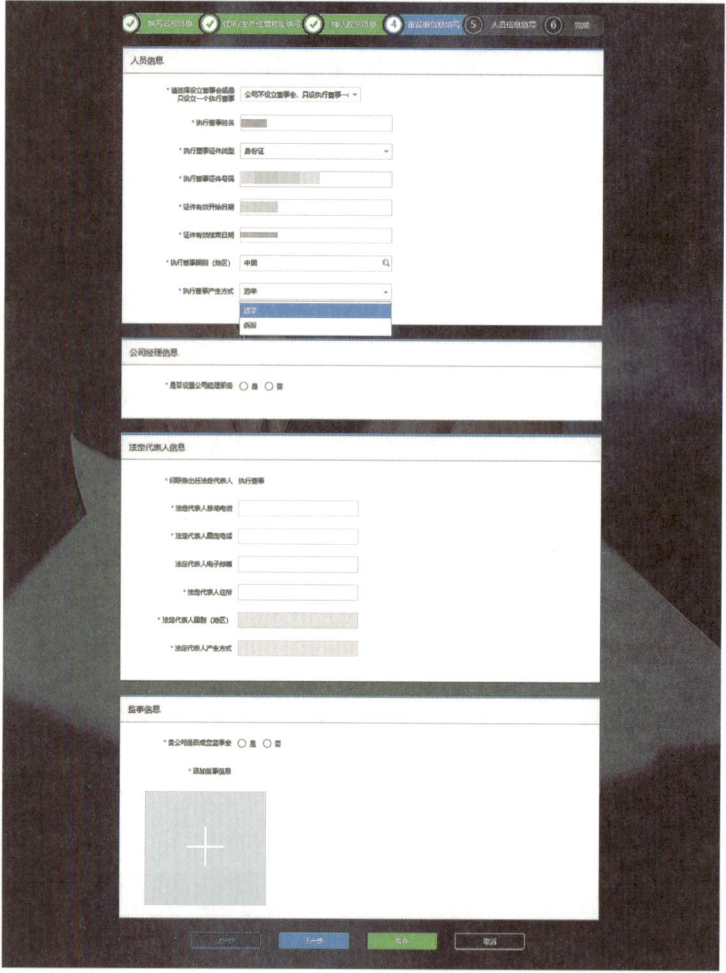

图 1-14　董监事信息填写

（5）人员信息填写（图1-15）。

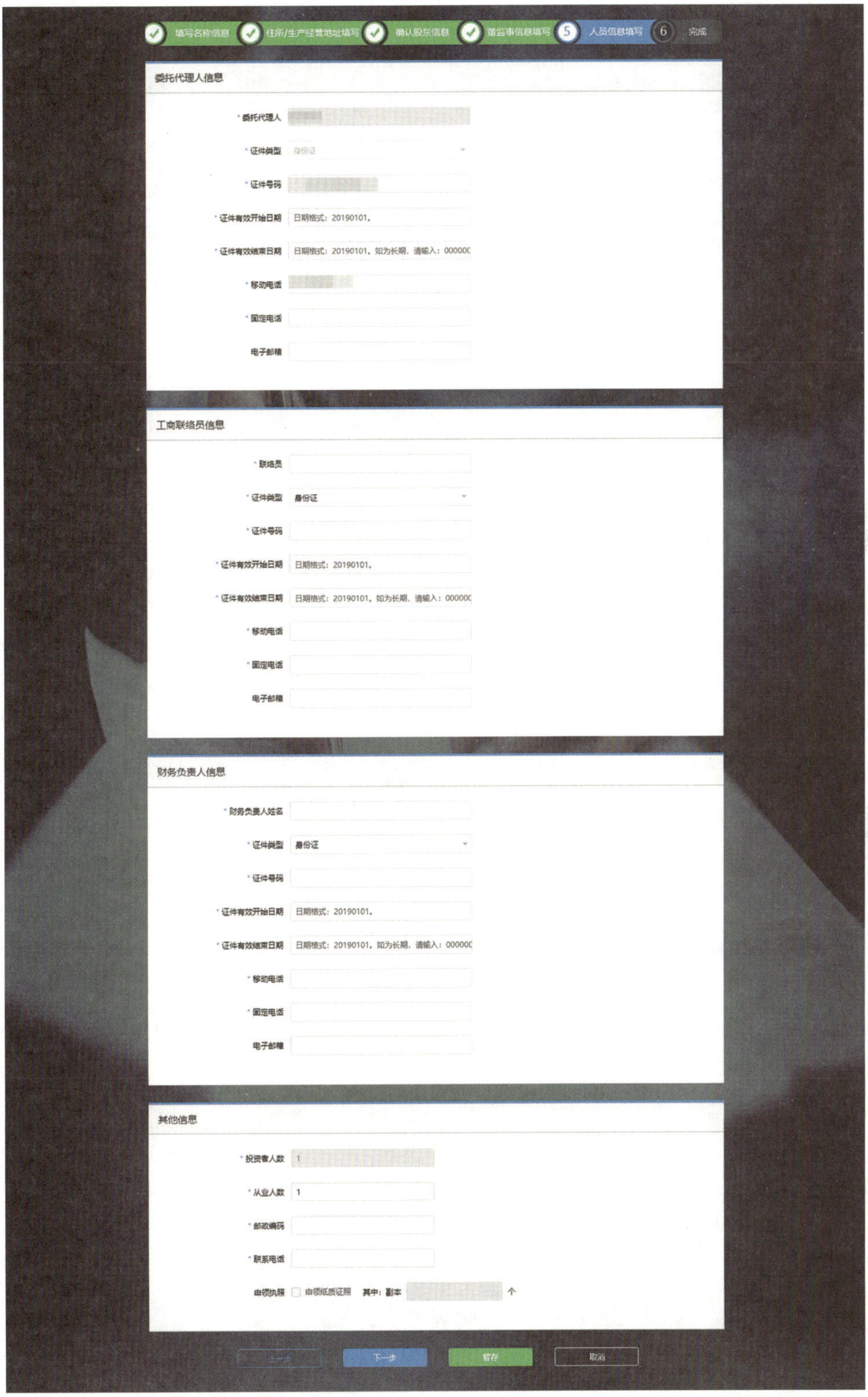

图1-15 人员信息填写

（6）完成(图1-16)。

第一部分

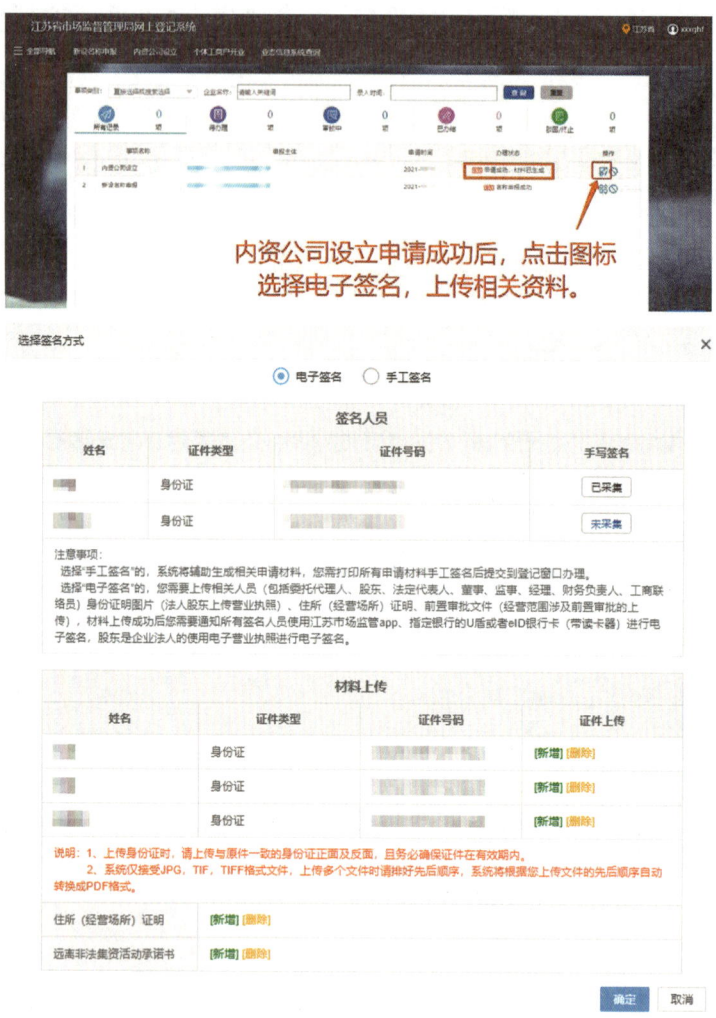

图1-16　完成

3.多平台一表制信息录入(图1-17)

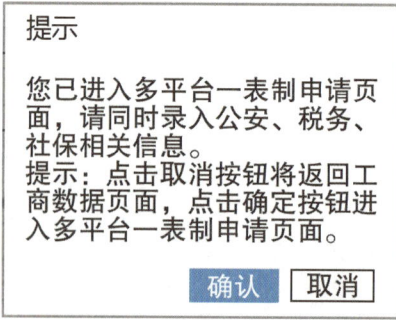

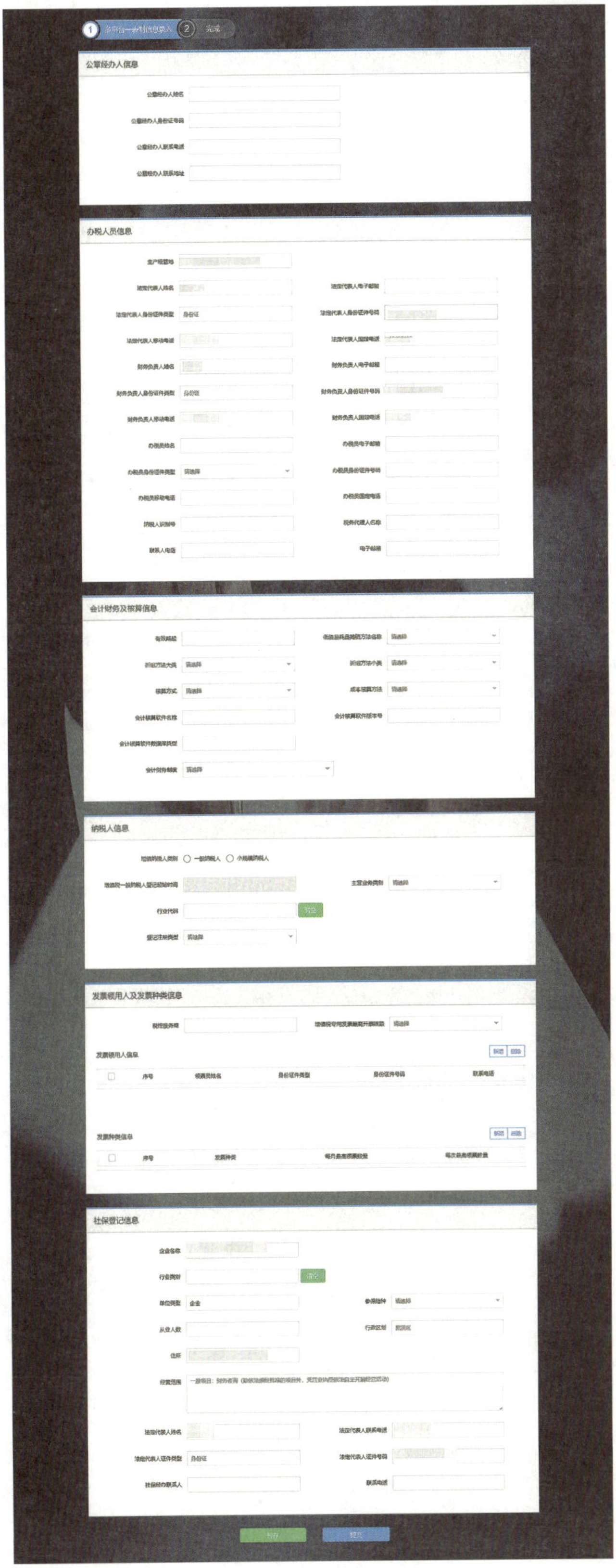

图1-17　多平台一表制信息录入

附：

租赁合同如图1-18所示。

租赁合同

甲方：赵磊

乙方：江东东方服饰有限公司

根据国家有关法律、法规和本市有关规定，甲、乙双方在自愿、平等、互利的基础上，就甲方将其合法拥有的房屋出租给乙方使用，乙方承租使用甲方房屋的事宜，订立本合同。

一、甲方的房屋概况

1. 甲方将其合法拥有的坐落在本市沿_____江东路88号_____的房屋，出租给乙方使用。

2. 甲方出租给乙方使用的该房屋建筑面积共____130____平方米。

二、租赁用途

乙方向甲方承诺，租赁该房屋仅作为____办公____使用，不得作其他用途。

三、租赁期限

1. 该房屋的租赁期限为____15____个月。自__2021__年_10_月_1_日起至__2022__年_12_月_31_日止。

2. 租赁期满，甲方有权收回出租的房屋，乙方如期交还。乙方如要求续租，则必须在租赁期满前的__1__个月向甲方提出书面申请，双方可在对租金、期限重新协商后，签订新的租赁合同。

四、租金及支付方式

1. 该房屋的月租金为__贰仟__元整。

2. 双方议定一次性支付__15__个月房租，另付__600000__元押金。甲方在收到乙方款项后开具租金发票及押金收据。

五、甲方义务

1. 甲方需要按时将房屋及附属设施交付乙方使用。

2. 房屋及附属设施如非乙方的过失或错误使用而受到损坏的，甲方有修缮的责任并承担相关费用。

3. 甲方应保证所出租的房屋权属清楚，无使用纠纷。

六、乙方义务

1. 乙方在租赁期内保证该租赁房屋内所有活动均能符合中国的法律法规及该地点的管理规定，不作任何违法行为。

2. 乙方应当按照合同约定，按时支付租金及其他费用。

3. 未经甲方同意，乙方不得改变租赁房屋的结构、装修。

甲方：（公章）

乙方：（公章）

法人代表盖章：赵磊

法人代表盖章：贺勇

日期：2021年10月01日

日期：2021年10月01日

图 1-18　租赁合同

市场主体住所登记信用承诺书如图 1-19 所示。

市场主体住所登记信用承诺书

　　根据《省政府关于进一步放宽市场主体住所（经营场所）登记条件的指导意见》（苏政发〔2015〕113号）等有关规定，在申请企业注册登记中，本人以企业法定代表人（合伙事务执行人或代表/个人独资企业投资人/个体工商户经营者）的身份承诺：

　　1.本企业已经具备了法律法规规定的所有设立（开业）、住所变更登记条件，本人已认真阅读了《市场主体住所（经营场所）登记条件》内容。申请登记的住所（经营场所）信息与实际情况一致，所提交的证明材料均真实、合法、有效，复印件与原件一致，无任何伪造、篡改、虚假成份。

　　2.住所（经营场所）不属于违法建筑、危险建筑等不能用作住所（经营场所）的房屋。

　　3.所从事的经营项目不在法律、法规以及当地政府公布的"住用商"禁止类行业清单范围内，并已取得有利害关系人的同意。

　　4.法律、法规规定应当经有关部门批准方可在住所（经营场所）从事相关经营活动的，承诺在取得有关许可证或批准文件后再开展经营活动。

　　5.本企业同意将以上承诺上网公示。若违背以上承诺，相关法律后果及责任由本企业或企业相关人员承担，并自愿接受相关行政执法部门的约束和惩戒。

承诺单位名称：江东东方服饰有限公司

法定代表人姓名：贺勇

20**年 * 月 * 日

图 1-19　市场主体住所登记信用承诺书

4. 领取营业执照及企业印章

1) 营业执照

营业执照(图1-20)的正副本是具有同等法律效力的,在实质上是没有区别的。如果讲区别,那仅仅是外表的形式而已。在使用方面,正本是"必须悬挂"在经营场所的明显处,否则你可能因未悬挂执照而受到处罚;副本一般用于外出办理业务,比如:办理银行开户许可证、签订合同等。

图1-20 营业执照

附：

公司章程如图1-21所示。

编号：20*****001

江东东方服饰有限公司
公司章程

第一章　总则

第一条　依据《中华人民共和国公司法》（以下简称《公司法》）及有关法律、法规的规定，由股东共同出资，设立江东东方服饰有限公司（以下简称公司）特制定本章程。本章程对公司、股东、董事、监事、高级管理人员具有约束力。

第二条　本章程中的各项条款与法律、法规、规章不符的，以法律、法规、规章的规定为准。

第二章　公司名称和住所

第三条　公司名称；江东东方服饰有限公司。

第四条　住所；江州市沿江东路88号。

第三章　公司经营范围

第五条　公司经营范围：服装、包装制品、服饰辅料制造、销售；服装设计；国内一般贸易；货物、技术进出口；特种劳动防护用品生产；口罩、防护服销售。（依法须经批准的项目，经相关部门批准后方可开展经营活动。）

第四章　公司注册资本股东名册

第六条　公司注册资本；100万元人民币。

第七条　公司的股东名册见附表。

第五章　公司的机构其产生法职权、议事规则

第八条　股东会由全体股东组成，是公司的权力机构，行使下列职权：

（一）决定公司的经营方针和投资计划；

（二）选举和更换非由职工代表担任的执行董事、监事，决定有关监事的报酬事项；

（三）审议批准执行董事的报告；

（四）审议批准监事的报告；

（五）审议批准公司的年度财务预算方案、决算方案；

（六）审议批准公司的利润分配方案和弥补亏损的方案；

（七）对公司增加或者减少注册资本作出决议；

（八）对发行公司债券作出决议；

1

（续图）

（九）对公司合并、分立、解散、清算或者变更公司形式作出决议；

（十）修改公司章程：

对前款所列事项股东以书面形式一致表示同意的，可以不召开股东会会议，直接作出决定，并由全体股东在决定文件上签名（盖章）。

第九条　股东会的首次会议由出资最多的股东召集和主持。

第十条　股东会会议由股东按认缴出资比例行使表决权。

第十一条　股东会会议分为定期会议和临时会议。

召开股东会会议，应当于会议召开十五日以前通知全体股东。

股东会会议通知约定以邮寄方式送达，股东应当向公司执行董事报备约定送达地址。股东会会议通知以执行董事向股东约定送达地址发出通知邮件为送达标志。股东的约定送达地址发生变化的应当及时向执行董事报备变更，否则，公司将仍以原地址为送达地址。

定期会议每年召开一次。代表十分之一以上表决权的股东，执行董事、监事提议召开临时会议的，应当召开临时会议。

第十二条　股东会会议由执行董事召集，执行董事主持。执行董事不能履行或者不履行召集股东会会议职责的，由监事召集和主持；监事不召集和主持的，代表十分之一以上表决权的股东可以自行召集和主持。

第十三条　股东会会议作出修改公司章程、增加或者减少注册资本的决议，以及公司合并、分立、解散或者变更公司形式的决议，必须经代表三分之二以上表决权的股东通过。

股东会会议作出除前款规定的其他事项的决议，必须经代表二分之一以上表决权的股东通过。

第十四条　公司设执行董事，由股东会选举产生，任期三年，任期届满，可连选连任。

第十五条　执行董事对股东会负责，行使下列职权：

（一）负责召集股东会，并向股东报告工作；

（二）执行股东会的决议；

（三）决定公司的经营计划和投资方案；

（四）制订公司的年度财务预算方案、决算方案；

（五）制订公司的利润分配方案和弥补亏损方案；

（六）制订公司增加或者减少注册资本以及发行公司债券的方案；

（七）制订公司合并、分立、变更公司形式、解散的方案；

（八）决定公司内部管理机构的设置；

（九）决定聘任或者解聘公司经理及其报酬事项，并根据经理的提名决定聘任或者解聘公司副经理、财务负责人及其报酬事项；

（十）制定公司的基本管理制度。

2

（续图）

第十六条　公司不设监事会，设1名监事，由股东会选举产生，监事的任期每届为三年，任期届满，可连选连任。

第十七条　监事行使下列职权：

（一）检查公司财务；

（二）对执行董事、高级管理人员执行公司职务的行为进行监督，对违反法律、行政法规、公司章程或者股东会决议的执行董事、高级管理人员提出罢免的建议；

（三）当执行董事、高级管理人员的行为损害公司的利益时，要求执行董事高级管理人员予以纠正；

（四）提议召开临时股东会会议，在执行董事不履行本法规定的召集和主持股东会会议职责时召集和主持股东会会议；

（五）向股东会会议提出提案；

（六）依照《公司法》第一百五十一条的规定，对执行董事、高级管理人员提起诉讼；

监事发现公司经营情况发生异常，可以进行调查；必要时，可以聘请会计师事务所等协助其工作，费用由公司承担。

第十八条　公司设经理，由执行董事决定聘任或者解聘。经理对执行董事负责，行使下列职权：

（一）主持公司的生产经营管理工作，组织实施执行董事决定；

（二）组织实施公司年度经营计划和投资方案；

（三）拟订公司内部管理机构设置方案；

（四）拟订公司的基本管理制度；

（五）制定公司的具体规章；

（六）提请聘任或者解聘公司副经理、财务负责人；

（七）决定聘任或者解聘除应由执行董事决定聘任或者解聘以外的负责管理人；

（八）执行董事授予的其他职权。

第六章　公司的法定代表人

第十九条　执行董事为公司的法定代表人，并依法登记。

法定代表人除行使本章程规定的职权以外，还应当行使以下职权：

（一）保管公司的营业执照，保管和使用公司的公章；

（二）代表公司签署有关法律文件。

第二十条　公司法定代表人出现下列情形的，公司应当解除其职务，重新产生符合任职资格的法定代表人：

（一）法定代表人有法律、行政法规或者国务院决定规定不得担任法定代表人的情形的；

3

（续图）

（二）法定代表人丧失执行董事或经理资格的；

（三）因被羁押等原因丧失人身自由，无法履行法定代表人职责的；

（四）其他导致法定代表人无法履行职责的情形。

第七章　股东会会议认为需要规定的其他事项

第二十一条　股东违反出资义务所承担的责任。股东不按照规定缴纳出资的，除应当向公司足额缴纳外，还应当向已按期足额缴纳出资的股东承担违约责任。

公司成立后，股东作为出资的实物、知识产权、土地使用权及其他非货币财产的实际价额显著低于公司章程规定数额的，应当由交付该出资的股东补交其差额。原出资中的实物、知识产权、土地使用权及其他非货币财产应当重新评估作价。

第二十二条　公司的营业期限，自公司设立之日起计算。

第二十三条　股东之间可以相互转让其部分或全部股权。

第二十四条　股东向股东以外的人转让股权，应当经其他股东过半数同意。股东应就其股权转让事项书面通知其他股东征求同意，其他股东自接到书面通知之日起满三十日未答复的，视为同意转让。其他股东半数以上不同意转让的，不同意的股东应当购买该转让的股权；不购买的，视为同意转让。

经股东同意转让的股权，在同等条件下，其他股东有优先购买权。两个以上股东主张行使优先购买权的，协商确定各自的购买比例；协商不成的，按照转让时各自的出资比例行使优先购买权。

第二十五条　自然人股东死亡后，其合法继承人可以继承股东资格。

第二十六条　公司向其他企业投资或者为他人提供担保，由股东会决议。

公司为公司股东或者实际控制人提供担保的，该股东或者实际控制人支配的股东，不得参加表决，该项表决由出席会议的其他股东所持表决权的过半数通过。

第二十七条　股东按实缴出资比例进行利润分配。

第二十八条　公司应当在每一会计年度终了时编制财务会计报告，并依法经会计师事务所审计。公司应当在审计后十五日内将财务会计报告送交各股东。公司聘用、解聘承办公司审计业务的会计师事务所，由股东会决定。

第八章　附则

第二十九条　公司登记事项以公司登记机关核定的为准。

第三十条　本章程一式叁份，并报公司登记机关一份。

4

图 1-21　公司章程

江东东方服饰有限公司股东名册如表1-3所示。

表1-3　江东东方服饰有限公司股东名册　　　　单位:万元

股东姓名或名称	证件号码	认缴出资额	分期缴付		
			出资时间	出资数额	出资方式
贺勇	320203 * * * * * * * * 2658	80	20 * * 年12月31日前	50	货币
李阳	320203 * * * * * * * * 3659	20	20 * * 年12月31日前	20	货币

江东东方服饰有限公司章程股东签字或盖章如表1-4所示:

表1-4　签字或盖章

贺勇	
李阳	

2）印章

企业重要印章主要有以下 5 个:公章、合同专用章、财务专用章、发票专用章以及法定代表人章(图 1-22)。

公章

合同专用章

发票专用章

财务专用章

法定代表人章

图 1-22 印章

5.银行开户

1）新公司银行基本户开户流程

（1）向开户行预约后,银行会安排人员上门拍照;拍照后再带齐资料去银行柜台办理开户。

（2）银行审核公司所有资料信息。

（3）领取银行开户许可证,个别银行开户要求公司开户时存入一定量的资金(一般是 5 000~10 000)。大约 3~7 天时间可以取出。

2）银行账户如何开立

（1）在开立企业银行账户之前,要考虑去哪一个银行开户。一般来说,在工行、中行、农行、建行开户会比较好。如果公司有外销业务,则可能会涉及收汇、退税等,建议在中行和工行开户会比较好。确立好开户行,然后到相应的开户行柜台申请开户预约。

（2）带上法人身份证原件和公司营业执照副本原件申请好开户预约之后,等待银行派人上门核实并拍照。做好公司招牌(要跟营业执照上的公司名一致)地址也要跟营业执照上的地址一致。银行负责核实拍照的人都是按照营业执照上的地址上门核实拍照的,还要拍人拿着营业执照的照片站在公司招牌前。银行一般都会说在预约之后一周内,但实际上一般在预约之后的一两天就会有人上门拍照,上门之前都是到楼下才打电话,所以准备工作要在预约之前就做好。上门核实拍照不一定要法人到场,但一定要安排工作人员在。

（3）银行上门核实拍照之后,会上传系统等待审核。审核通过之后会通知公司去银行开户。这个核实时间一般都在 2 天左右。如果没有等到通知,可打电话过去询问。公司法人本人带上身份证、营业执照、公章、财务章、私章前去办理。

（4）银行开户之后,账号当时就能出来,但是还不能拿开户资料。这时候能拿到的会有一张银行开户自带的财智卡和 u 盾(如果前期业务量还不大,人员也不多,只选择一个 u 盾就行了。因为一个 u 盾每年需要收取几百元费用)。此时的账户只可以用于接收款项,不能转出。而且银行会要求有几万元的流水走账,公司要提前准备。

(5) 再等一周左右,审核通过之后,银行会通知公司去拿开户资料。如果没等到通知,可以打电话去银行询问(这种方式比较主动,也比较快,一般审核都在 2 天内完成)。然后就可以去银行拿开户资料了。这个流程基本上银行不会要求带什么资料和证件。但是到了银行之后,会有工作人员递上一张小条子,上面有拿到开户资料需待办事项。

(6) 一般会有银行工作人员协助你办完小纸条上的所有事项。其中有一项就是要存入几万元到企业账户,然后做个一万元的理财,其他就是激活程序。有些要问清楚的事项。比如是否需要短信通知服务,一年要收费几百元的。不需问的事项,工作人员都是默认全部勾选的。开户资料里面有个密码很重要。当然,所以所有的开户资料都要小心保管。

【温馨提示】2019 年 2 月 25 日起,在全国范围内分批取消企业银行账户许可,2019 年年底前实现完全取消。在取消企业银行账户许可地区,办理基本户、临时户采用备案制。注意,只是取消了这张证书,办理流程及相关管理依然不变。

附：

基本存款账户信息如图 1-23 所示。

基本存款账户信息

账户名称：　　　江东东方服饰有限公司

账户号码：　　　36036041247716258466

开户银行：　　　中国建设银行江州市沿江支行

法定代表人：　　贺勇

（单位负责人）

基本存款账户编号：J3070049800503

2021年10月21日

图 1-23　基本存款账户信息

预留印鉴卡如图 1-24 所示。

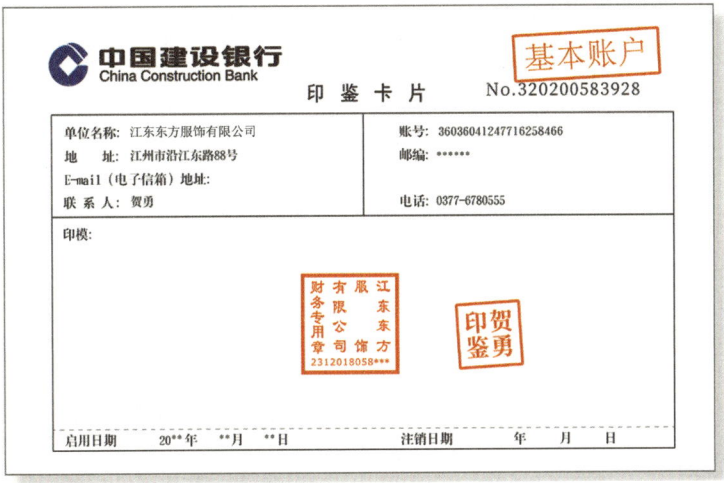

图 1-24　预留印鉴卡

6.社保开户

1)单位注册准备事项

(1)建议使用谷歌浏览器,文件编辑功能请使用office2007以上版本或者WPS。

(2)设定法定代表人、管理员、经办人角色均先至省人社网上办事服务大厅首页,完成个人实名注册(图1-25)。

图1-25　实名注册

2)法定代表人注册

(1)登录省人社网上办事服务大厅首页,点击登录栏目。

(2)选择"没有账号?立即注册"(图1-26)。

图1-26　进入注册

（3）填写单位、法人信息（图1-27）。

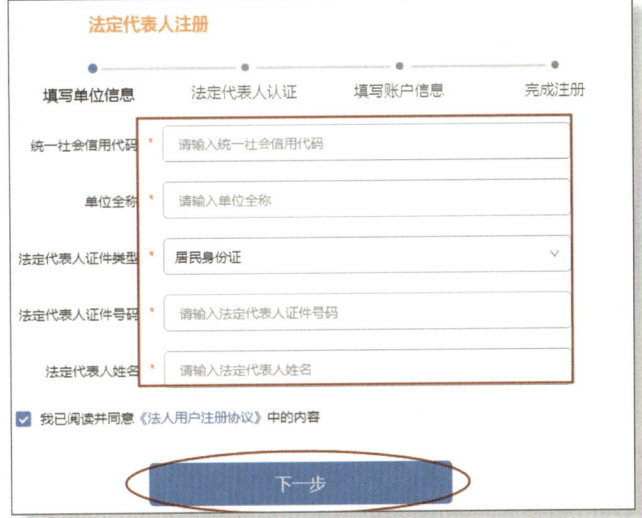

图1-27 填写单位、法人信息

（4）法定代表人实名认证（图1-28）。

图1-28 法定代表人实名认证1

方法一:打开支付宝 APP,使用扫一扫功能扫码认证二维码完成实名认证(图1-29)。

图1-29　法定代表人实名认证 2

方法二:打开江苏智慧人社 APP,使用扫一扫功能扫码认证二维码完成实名认证(图1-30)。

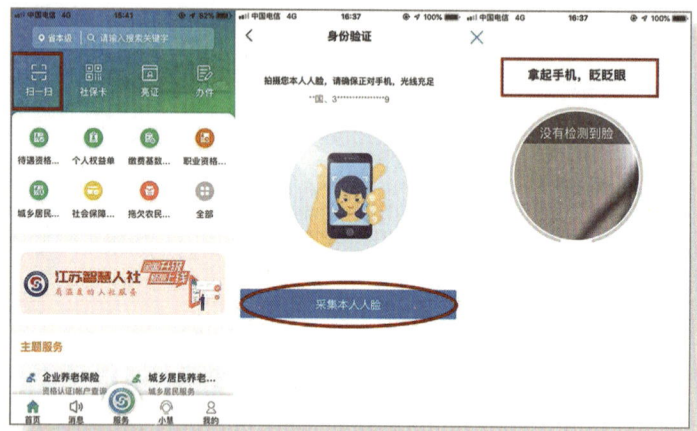

图1-30　法定代表人实名认证 3

(5) 设置账户密码,完成图形认证后获取短信验证码(图1-31)。

图 1-31 设置账户密码,完成图形认证后获取短信验证码

(6) 完成(图 1-32)。

图 1-32 完成

3) 友情提醒

法定代表人为全业务权限,如需分业务经办需添加管理员或经办人(图 1-33)。

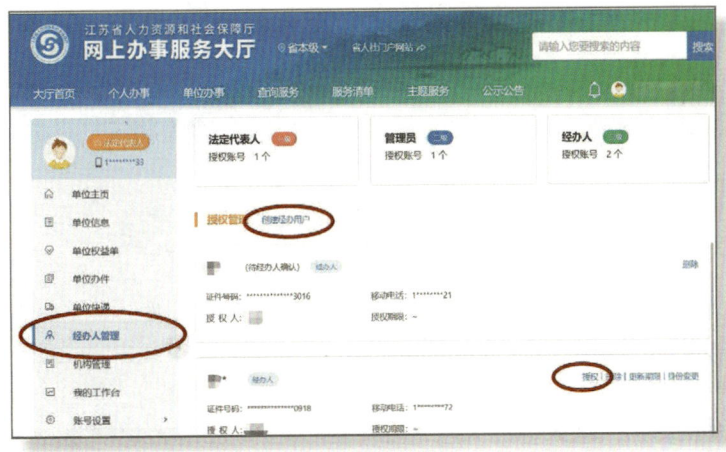

图 1-33 权限

4) 经办机构柜面注册

携带单位营业执照、单位授权委托书、经办人身份证明到经办窗口开通单位账号。开通的账号只能是单位法人账号或单位管理员账号。

三、新办企业税务登记

工商注册相关手续办理完成后,就需要进行税务登记手续办理,因各地区不同,具体税务登记按本地区税务局要求办理。具体办理流程如图1-34所示。

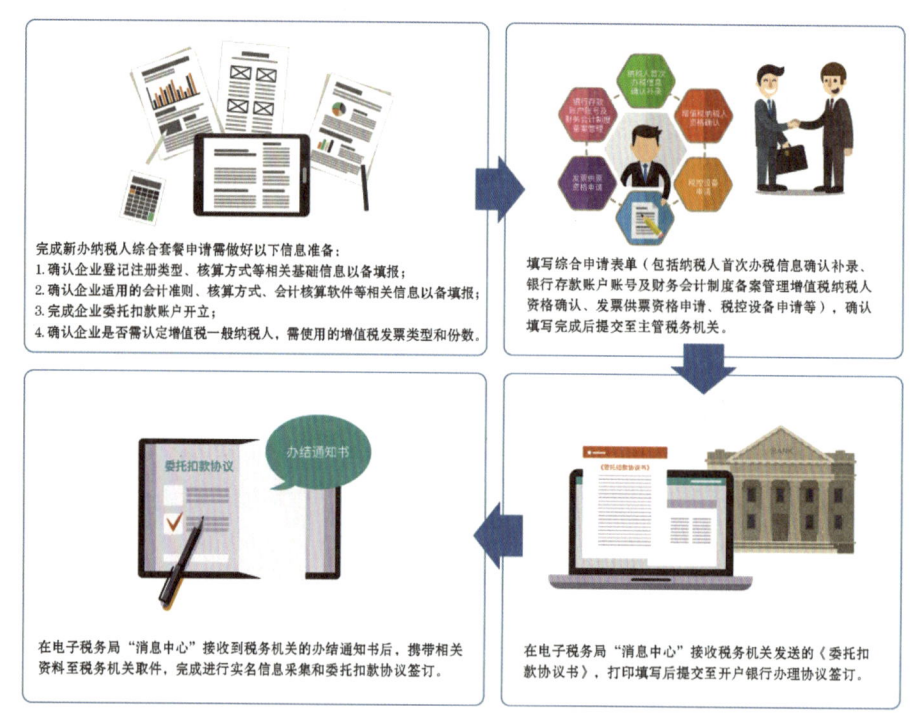

图1-34 新办企业税务登记流程

(一) 综合申报表单

综合申报表单是通过电子税务局进行填报的。登录电子税务局,进入"新办企业综合申请套餐"模块,如图1-35所示,根据流程据实填写内容,确认无误后提交,完成在线申请。

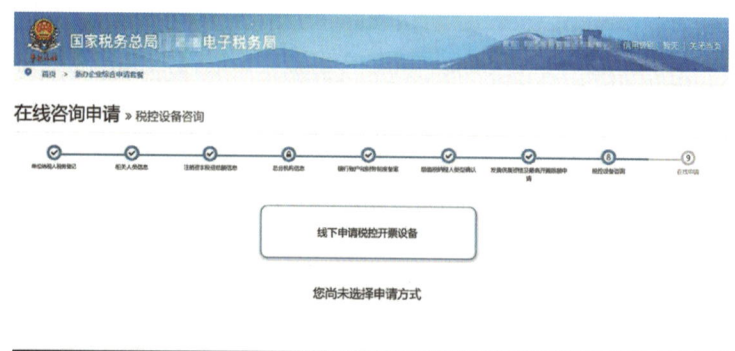

图1-35 新办企业综合申请套餐界面

具体包括以下内容:

(1)单位纳税人税务登记:填写企业基本信息。

(2)相关人员信息:法定代表人、财务负责人、办税人、税务代理人信息。

(3)注册资本投资总额信息:注册资本信息和投资方信息。

(4)总分机构信息:企业与财务制度相关的信息。

(5)银行账户和财务制度备案:银行账户信息和会计报表情况。

(6)增值税纳税人类型确认:选择一般纳税人或小规模纳税人。

(7)发票供票资格及最高开票限额申请:发票最高开票限额、票种核定及购票人相关信息。

(8)税控设备咨询:线下申请税控开票设备。

(9)在线申请:全部信息正确填写后,进行提交申请。

(二)签订三方协议

审核通过后,登录电子税务局,打印《委托扣款协议书》,带上相关资料,至银行开户行办理委托扣款业务。办理完成后,再将《委托扣款协议书》交至税务局进行办理。

(三)办结通知

资料审核通过后,获得办结通知书,携带相关资料至税务机关办理,即可获得相关纸质审批文件。

附:

委托扣款协议书如图 1-36 所示。

第一部分

委托银行扣缴税款协议书

甲方(主管税务机关):江州市税务局第一税务分局
乙方(纳税人):江东东方服饰有限公司
丙方(纳税人开户银行):中国建设银行江州市沿江支行

甲方填写	1. 协议书编号: 13262****2018121756
	2. 征收机关代码: 1320208***
乙方填写	3. 税务登记号码: 91370282607784659L
	4. 联系电话: 0377-6780555
	5. 联系地址: 江州市沿江东路88号
	6. 开户银行全称: 中国建设银行江州市沿江支行
	7. 缴税(费)账户全称 江东弘智服饰有限公司
	8. 缴税(费)账号: 36036041247716258466
丙方填写	9. 银行行号(大额支付系统行号): 103202*****
	10. 清算行行号(大额支付系统行号): 10302*****

为简化办税程序、方便纳税人完成缴税义务,确保税款安全、提高税款征收、入库效率,经甲、乙、丙三方共同协商,达成如下协议:

一、乙方自愿采用银行扣缴税款方式缴纳税(费)。

二、甲、乙、丙三方应当共同遵守《中华人民共和国税收征收管理法》《中华人民共和国合同法》及《中华人民共和国金库管理条例》。

三、乙方依照国家法律法规规定完成纳税申报后,其电子缴款信息通过财税库银联网系统实时传至中国人民银行国库信息处理系统(TIPs),并由该系统自动将乙方应缴税(费)款信息传至丙方,丙方根据接收到的乙方应缴税(费)款信息,将乙方应缴税(费)款适时划缴至人民银行清算国库。

四、乙方在当地选择一家已加入财税库银联网系统的商业银行网点开立缴税(费)账户,纳税人财税库银联网缴税(费)账户须经丙方确认方能生效。

五、缴税(费)账户一经确定,原则上不得变更。若乙方确需变名称、账户账号、主管税务机关时,应提前5个工作日向甲方、丙方同时提出变更申请,并重新签订"协议书"。

六、乙方、丙方应保证缴税(费)账户的真实性、有效性,丙方应保证乙方账户资金安全,甲方、丙方应依法为乙方缴税(费)账户信息保密。

七、乙方在办理缴款涉税事项时,应保证缴税(费)账户内有足够存款余额,并能正常结算。应当保障申报期届满之日17时之前账户内有品额存款,因账户资金余额不足造成丙方无法及时划缴税(费)款而导致逾期缴纳的责任由乙方承担。

八、甲方、丙方应保证财税库银联网系统和各自业务处理系统正常运行、网络畅通及正确操作。因甲方、丙方业务系统、网络或操作原因导致丙方划缴税(费)款错误、失败的,在查明原因后,分别由问题方承担相关责任。因不可抗力造成系统瘫痪,三方应按应急预案规定办理,未按应急预案办理的,由过错方承担责任。因系统网络故障造成账务差错的,由甲方、丙方依据有关规定进行纠正。

九、乙方申报并缴税(费)成功后,可以要求方提供电子缴款书;需甲方开具纸质完税凭证的,可到甲方办税服务厅凭电子缴款书换开。

十、税(费)款扣缴成功后,丙方保证将当天成功扣缴的所有税(费)款,全部划解到国库,不得占压。

十一、因甲方或丙方工作失误造成国家税款或乙方损失的,由责任方承担责任。

十二、除国家法律法规另有规定外,本协议将长期有效。乙方如注销税务登记,本协议即自行终止。乙方有正当理由需解除协议时,应提前通知甲方、丙方,并向甲方申报新的缴税方式。

十三、在协议有效期内发生纠纷,甲、乙、丙三方协商解决,经协商后仍不能解决的,相关当事人可根据有关法律法规申请复议、仲裁或提出诉讼。

十四、本协议自甲、乙、丙三方签章之日起生效。协议书一式三份,三方各执一份,均具同等法律效力。

甲方填写人
甲方:(盖章)

乙方填写人
乙方:(盖章或签字)

丙方填写人
丙方:(盖章)

图 1-36　委托扣款协议书

发票票种核定通知如图 1-37 所示。

《税务事项通知书》（发票票种核定通知）

国家税务总局江州市沿江区税务局第一税务分局

税务事项通知书

江税一税通(2021)249102　号

江东东方服饰有限公司　　（纳税人识别号:913**70**282607784659L）

　　事由：发票票种核定

　　依据:《中华人民共和国发票管理办法》

　　通知内容：你单位于　　2021-10-26　　　申请的

　　　发票票种核定　　　事项，经确认后的发票票种核定信息如

下，特此通知。

发票种类	申请类型	单位	委托代开标识	每次最高领用数量	每月最高领用数量	持票最高数量	单份发票最高开票限额	购票方式
2016版增值税普通发票（二联折叠票)	增加	份		25	25	25	100000	验旧购新
增值税专用发票（中文三联无金额限制版)	增加	份		25	25	25	100000	验旧购新
定额发票累计领用金额								

税务机关（签章）

2021-10-26

图 1-37　发票票种核定通知

准予税务行政许可决定书如图 1-38 所示。

江州市沿河区税务局

准予税务行政许可决定书

江税一税通（2021）224000 号

江东东方服饰有限公司

91370282607784659L

　　事由《税务事项通知书》（登记通知）

　　你（单位）于　2021-10-26　提出的对增值税防伪税控系统最高开票限额的审批申请，本机关已经于　2021-10-26　受理。

　　经审查，根据《中华人民共和国行政许可法》第三十八条第一款的规定，决定准予你（你单位）取得该项税务行政许可。

税务机关（签章）

2021-10-26

图 1-38　准予税务行政许可决定书

(四)办理完成

办理完成后,登录电子税务局,在"纳税人信息"模块中可查询票种核定信息和税(费)种认定信息,如图1-39、图1-40所示。

图1-39　票种核定信息—界面

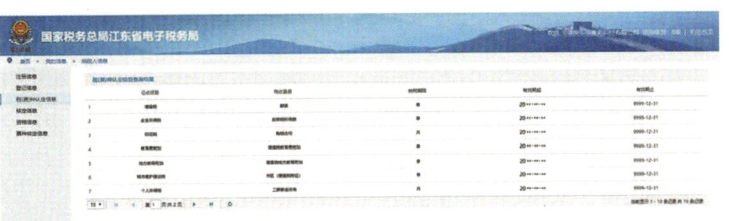

图1-40　税(费)种认定信息—界面

第二部分　新设企业情况说明

一、企业基本情况

(一)企业基本信息

(1) 公司名称:江东东方服饰有限公司。

(2) 社会统一信用代码(纳税人识别号):91370282607784659L。

(3) 经济类型:有限责任公司。

(4) 经营地址:江州市沿江东路88号。

(5) 公司电话:0377-6780555。

(6) 注册时间:2021年10月20日。

(7) 法定代表人:贺勇。

(8) 注册资本:100万元,其中:贺勇80万元(80%),李阳20万元(20%)。

(9) 经营范围:主要从事服装、包装制品、服饰辅料销售等业务,主营业务为男女运动服套装的销售。

(二)银行开户许可证相关信息

(1) 开户银行(基本户):中国建设银行江州市沿江支行。

(2) 银行账号:36036041247716258466。

二、公司机构设置和人员情况

(一)公司组织架构图

公司组织架构图如图2-1所示。

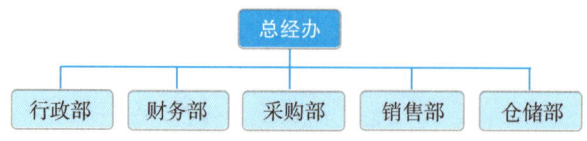

图2-1　公司组织架构

(二)公司人员配置明细表

公司人员配置明细表如表2-1所示。

表 2-1　公司人员配置明细

序号	部门	岗位	姓名
1	行政部	总经理	贺　勇
		行政经理	李　阳
		行政人员	徐小贤
2	财务部	会计	方　芳
		出纳	李　晶
3	销售部	销售经理	李强平
		销售人员	郭　慧
4	采购部	采购经理	张　静
		采购人员	周　斌
5	仓储部	仓库主管	李　洁
		仓管员	管德锦

三、企业财务制度

(一) 会计制度设计目的

为了加强本企业财务管理,规范企业财务行为,提高会计核算水平,根据《中华人民共和国会计法》《小企业会计准则》和其他法律法规的有关规定,结合本公司内部管理需要,制定本制度。

(1) 公司根据会计业务的需要设立财务部,并聘请专职的会计人员。

(2) 财务部根据会计业务的需要设置会计和出纳工作岗位。

(3) 财务人员因工作调动或者离职,必须在办理完成交接手续后方可调动或离职。

(二) 内部牵制制度

(1) 公司实行银行票据与银行预留印鉴分管制度。

(2) 非出纳人员不能办理现金、银行收付款业务。

(3) 库存现金和有价证券每月抽盘一次,由会计执行。

(4) 公司出纳不得兼管稽核,档案保管,收入类、费用类、资产类、负债类账目的登记工作。

(三) 会计核算和会计监督

(1) 本企业会计年度自公历 1 月 1 日起至 12 月 31 日止。

(2) 本企业记账方法采用借贷记账法。

(3) 本企业采用科目汇总表账务处理程序。

(4) 本企业采用权责发生制进行账务处理。

(5) 本企业会计核算以人民币为记账本位币。

(6) 企业根据《小企业会计准则》要求设置一级会计科目,在不影响对外报送报表和会计核算的前提下,根据实际情况自行设置和使用二、三级会计科目。

(7) 本企业会计核算以实际发生的经济业务为依据进行会计处理,会计指标口径一致,相互可比,会计处理方法前后一致。

(8)财务部办理会计业务时必须按照《小企业会计准则》的规定对原始凭证进行审核,对不真实、不合法的原始凭证不予接受;对记载不准确、不完整的原始凭证予以退回,并要求按照《小企业会计准则》的规定更正、补充。

(9)本企业记账凭证采用通用记账凭证。记账凭证要有制单人、审核人、记账人。

(10)若采用电脑财务软件核算,会计凭证、账簿、报表打印后应装订成册,妥善保管。企业原始凭证不得外借,其他单位如有特殊原因需借用原始凭证时,经企业负责人批准后才可以借阅或复制。各种重要的经济合同、收据、涉外文件等应单独保管。

(11)企业应委托会计师事务所对年度会计报表进行审计,并积极配合其工作,禁止授意或要求注册会计师出具不当或虚假的审计报告。

四、企业相关会计制度

(一)库存现金管理制度

(1)企业财务部库存现金控制在核定限额3万元以内,不得超限额存放现金。

(2)严格执行现金盘点制度,做到日清月结,保证现金的安全。现金遇有长短款,应及时查明原因,报告单位领导,并追究相关人员的责任。

(3)不准白条抵库。

(4)不准私自挪用、占用和借用企业现金。

(5)到银行提取或送存现金(金额达3万元以上)的时候,需由两名人员同时前往。

(6)出纳要妥善保管保险箱内存放的现金和有价证券,私人财物不得存放于保险箱。

(7)出纳收付业务时应做到"唱收唱付",并加盖收讫、付讫印鉴。

(8)出纳必须随时接受单位领导的检查、监督。

(9)出纳必须严格遵守、执行上述各条规定。

(二)银行存款管理制度

(1)必须遵守中国人民银行的规定,办理银行基本账户和一般账户的开户和企业各种银行结算业务。

(2)必须认真贯彻执行《中华人民共和国支付管理结算办法》《中华人民共和国票据法》等相关的结算管理制度。

(3)企业应按每个银行开户账号建立一本银行存款日记账,出纳应及时将企业银行存款日记账与银行对账单逐笔进行核对。

(4)空白银行支票与预留印鉴必须实行分管。由出纳登记支票使用情况,逐笔记录签发支票的用途、使用单位、金额、支票号码等。

(三)费用审批制度

费用报销与员工借款严格执行企业审批制度,具体审批制度如下:

(1)因公出差、经总经理批准借支公款,应在回单位后七天内结清,不得拖欠。

(2)借款人必须按规定填写"借款单",注明借款事由、借款金额,出纳应对借款事项专门设置台账进行跟踪管理。

(3)手续完整、填写无误的,出纳凭审批后的单据付款。

（4）正常的办公费用开支,必须有正式发票且印章齐全,经手人、部门负责人签名。

（5）报销单填写必须完整,原始单据必须真实、合法,签章必须符合以上相关规定,出纳才给予报销。

（6）费用报销流程:经办人持原始凭证→部门经理审批→财务主管审批→总经理审批→财务部出纳处报销。

（7）差旅费报销必须严格按照标准(表2-2)执行,超出部分由员工个人承担。

表2-2　差旅费标准明细表　　　　　　　　　单位:元

岗位级别	住宿标准（每房计）			交通工具	餐饮费
	一级城市	省会城市	地级县		
一般员工	400	350	300	火车(硬卧)、高铁(二等座)、汽车(含卧铺)	实报实销
部门负责人	450	400	350	飞机(经济舱)、火车(硬卧)、高铁(二等座)、汽车(含卧铺)	实报实销
总经理助理	500	450	400	飞机(经济舱)、高铁(二等座)、火车(软卧)	实报实销
总经理以上	550	500	450	飞机(经济舱)、高铁(二等座)、火车(软卧)	实报实销

（四）往来债权核算

（1）应收账款的管理:企业为加强对应收账款的管理,在总分类账的基础上,按客户的名称设置明细分类账,详细、序时地记载与各客户的往来情况,同时定期与客户进行核对。

（2）借款的管理:企业各部门形成的出差借款、采购借款、各部门备用金应于业务发生后及时报销冲抵借款。

（五）存货核算

（1）会计设立库存商品数量金额明细账,记录库存商品的收发情况,并结出其结存数量。

（2）外购商品时,按买价加运输费、运输途中的合理损耗、入库前的挑选整理费用和按规定应计入成本的税金以及其他费用,作为实际成本。

（3）库存商品的发出按全月一次加权平均法,一律以出库单的形式出库,在出库单上一般须注明产品名称、数量、领用部门等。

（4）每月月末及年终需对库存商品进行盘点,务必做到账、表、物三者相符。在盘点中发现的盘盈、盘亏、损毁、变质等情况,应及时查明原因。若因管理不善造成的或无法查明原因的盘盈盘亏,经相关领导审批后,计入当期损益。

（六）税费核算

（1）本企业为增值税小规模纳税人。

（2）应交税费核算企业按照税法等规定计算应交纳的各种税费,包括增值税、所得税、城市维护建设税、教育费附加、地方教育附加,以及企业代扣代交的个人所得税等。"应交税费——应交增值税"无需再设置三级明细科目。

（3）企业缴纳的印花税,按《小企业会计准则》规定通过"税金及附加"科目核算,在实际缴纳时一并计提和支付。

（4）本企业的企业所得税按季度申报,年度终了时进行汇算清缴。

（七）固定资产核算

（1）固定资产在取得时,按取得时的成本入账,取得时的成本包括买价、相关税费、运输和保险等相关费用,以及为使固定资产达到预定可使用状态前所必要的支出。

（2）按企业实际情况,固定资产的类别、折旧年限和残值率如表2-3所示。

表2-3　固定资产的类别、折旧年限和残值率

类别	折旧年限(年)	残值率
机器机械生产设备	10	5%
器具、工具、家具	5	5%
运输工具	4	5%
电子设备	3	5%

（3）企业对固定资产采用年限平均法(即直线法)计提折旧,按月计提固定资产的折旧,本月增加的固定资产从下月起计提折旧,本月减少的固定资产从下月起停止计提折旧。

（4）固定资产的管理由财务部和行政部共同负责,财务部设立固定资产明细账,行政部建立固定资产卡片,定期对账。

（5）每年年终,由财务部牵头,组织使用部门对固定资产进行盘点,编制盘点表。

（八）往来债务核算

（1）应付账款是指企业因购买库存商品而发生的负债,按照实际发生额入账,并按债权人设置明细账核算增减情况。应付职工薪酬核算根据有关规定应付给职工的各种薪酬,按工资、员工福利、社保费、住房公积金等进行明细核算。月末将本月工资进行分配,分别计入相关成本费用账户。其他应付款是指企业除应付票据、应付账款、预收账款、应付职工薪酬等以外的其他各项应付未付、暂收的款项,如暂收的押金、股东垫付的资金,按照实际发生额入账,并按债权人设置明细账核算增减情况。

（2）往来债务的管理:企业各部门因采购或接受劳务形成的应付账款应及时进行账务处理,登记相应的账簿,定期与供应商对账,保证双方账账相符。

（九）所有者权益核算

（1）实收资本核算投资者投入的资本。

（2）本年利润核算企业当期实现的净利润(或发生的净亏损),年度终了,应将本年收入和支出相抵后结出的本年实现的净利润,转入"利润分配"科目。

（3）"利润分配"科目核算企业利润的分配(或亏损的弥补)和历年分配(或弥补)后的余额。企业在"利润分配"科目下设置"未分配利润"明细科目。

（十）损益核算

（1）"主营业务收入"科目核算销售商品、提供劳务等主营业务的收入。企业在商品已经发出、劳务已经提供,在同时收讫价款或取得价款权利的凭证时确认收入的实现并开具发票结算。

（2）"主营业务成本"科目核算企业确认销售商品、提供劳务等主营业务收入时应结转的成本。

（3）"税金及附加"科目核算企业经营主要业务应负担的城市维护建设税、教育费附加、地方教育附加、印花税等。

（4）"销售费用"科目核算企业销售商品过程中发生的各项费用，按广告费、运输费、差旅费、工资、社保费、折旧费等进行明细核算。

（5）"管理费用"科目核算企业为组织和管理企业生产经营所发生的各项费用，按开办费、差旅费、办公费、业务招待费、通信费、车辆费、财税服务费、保险费、工资、社保费、水电费、折旧费、无形资产摊销费等进行明细核算。

（6）"财务费用"科目核算企业为筹集生产经营所需资金而发生的费用，按利息支出、利息收入、手续费等项目设置明细账，进行明细核算。

（7）"营业外收入"和"营业外支出"科目核算与企业生产经营活动无直接关系的各种收入和支出。

（8）"所得税费用"科目核算企业根据所得税准则确认的应从当期利润总额中扣除的所得税费用，需要在利润表中反映。

（9）"以前年度损益调整"科目核算企业本年度发生的调整以前年度损益的事项。

（十一）财务报告

企业财务报告分为月报、季报、半年报、年报，内容包括资产负债表、利润表、现金流量表。

五、会计科目设置

本企业执行《小企业会计准则》，参照准则的附录"会计科目及主要账务处理"里的会计科目表，依次从资产类、负债类、所有者权益类、成本类、损益类中选择应设置的会计科目。

常用会计科目设置的相关解释如表2-4所示。

表2-4　常用会计科目设置的相关解释

一级科目	二级科目	注　释
库存现金	无	只有人民币
银行存款	建行和工行	
应收账款	客户名称	客户较少，不分区域进行二级核算
其他应收款	个人名称	
原材料	材料名称	可进行数量金额核算
库存商品	产品名称	
固定资产（累计折旧）	类别设置（资产名称）	设置为三级
短期借款	工行	
应付账款	供应商	供应商较少
应付职工薪酬	工资和社保费	无其他项目
应交税费	各税款项目	

(续表)

一级科目	二级科目	注　释
其他应付款	个人名称	
实收资本	投资人名称	
盈余公积	法定和任意	
本年利润	无	
利润分配	提取法定和任意、未分配、应付利润三项	
生产成本	成本费用项目	单位较小,入库产品定额成本准确,核算简单
制造费用	费用项目	单位较小、制造费用较少,为简便核算未按车间设二级
主营业务收入	按产品	
主营业务成本		
其他业务收入	材料收入	
其他业务成本	材料支出	
税金及附加	无	
销售费用	费用项目	
管理费用	费用项目	不核算部门费用
财务费用	费用项目	
营业外支出	无	
所得税费用	无	

六、企业相关税务信息

(一)税务基本信息

(1)纳税人性质:小规模纳税人。

(2)主管税务机关:江州市税务局第一税务分局。

(3)税种鉴定情况如表2-5所示。

表2-5　税种鉴定情况

序号	税种名称	税率	申报方式
1	增值税	3%	按季申报
2	企业所得税	25%	采用按季预缴、年末汇算清缴
3	城市维护建设税	7%	按季申报
4	教育费附加	3%	按季申报
5	地方教育附加	2%	按季申报

序号	税种名称		税率	申报方式
6	个人所得税		3%~45%	按月申报
7	印花税	购销合同	0.3‰	按月申报
8		注册资本	0.5‰	
9		财产租赁合同	1‰	
10		权利、许可证照	每件5元	
11		加工承揽合同	0.5‰	

(二) 小规模纳税人税收优惠政策

企业执行的税收政策具有时效性,实务工作中以最新税收政策为准;可以关注国家税务总局微信公众号,与时俱进学习最新财税政策。

附:

小规模纳税人免征增值税政策如图 2-2 所示。

国家税务总局关于小规模纳税人免征增值税征管问题的公告

国家税务总局公告2021年第5号

为贯彻落实全国两会精神和中办、国办印发的《关于进一步深化税收征管改革的意见》,按照《财政部税务总局关于明确增值税小规模纳税人免征增值税政策的公告》(2021年第11号)的规定,现将有关征管问题公告如下:

一、小规模纳税人发生增值税应税销售行为,合计月销售额未超过15万元(以1个季度为1个纳税期的,季度销售额未超过45万元,下同)的,免征增值税。

小规模纳税人发生增值税应税销售行为,合计月销售额超过15万元,但扣除本期发生的销售不动产的销售额后未超过15万元的,其销售货物、劳务、服务、无形资产取得的销售额免征增值税。

二、适用增值税差额征税政策的小规模纳税人,以差额后的销售额确定是否可以享受本公告规定的免征增值税政策。

《增值税纳税申报表(小规模纳税人适用)》中的"免税销售额"相关栏次,填写差额后的销售额。

三、按固定期限纳税的小规模纳税人可以选择以1个月或1个季度为纳税期限,一经选择,一个会计年度内不得变更。

四、《中华人民共和国增值税暂行条例实施细则》第九条所称的其他个人,采取一次性收取租金形式出租不动产取得的租金收入,可在对应的租赁期内平均分摊,分摊后的月租金收入未超过15万元的,免征增值税。

五、按照现行规定应当预缴增值税税款的小规模纳税人,凡在预缴地实现的月销售额未超过15万元的,当期无需预缴税款。

（续图）

六、小规模纳税人中的单位和个体工商户销售不动产，应按其纳税期、本公告第五条以及其他现行政策规定确定是否预缴增值税；其他个人销售不动产，继续按照现行规定征免增值税。

七、已经使用金税盘、税控盘等税控专用设备开具增值税发票的小规模纳税人，月销售额未超过15万元的，可以继续使用现有设备开具发票，也可以自愿向税务机关免费换领税务Ukey开具发票。

八、本公告自2021年4月1日起施行。《国家税务总局关于小规模纳税人免征增值税政策有关征管问题的公告》（2019年第4号）同时废止。

特此公告。

国家税务总局

2021年3月31日

图 2-2　小规模纳税人免征增值税政策

小微企业普惠性税收减免政策如图 2-3 所示。

关于实施小微企业普惠性税收减免政策的通知

财税〔2019〕13号

各省、自治区、直辖市、计划单列市财政厅（局），新疆生产建设兵团财政局，国家税务总局各省、自治区、直辖市和计划单列市税务局：

为贯彻落实党中央、国务院决策部署，进一步支持小微企业发展，现就实施小微企业普惠性税收减免政策有关事项通知如下：

一、对月销售额10万元以下（含本数）的增值税小规模纳税人，免征增值税。

二、对小型微利企业年应纳税所得额不超过100万元的部分，减按25%计入应纳税所得额，按20%的税率缴纳企业所得税；对年应纳税所得额超过100万元但不超过300万元的部分，减按50%计入应纳税所得额，按20%的税率缴纳企业所得税。

上述小型微利企业是指从事国家非限制和禁止行业，且同时符合年度应纳税所得额不超过300万元、从业人数不超过300人、资产总额不超过5000万元等三个条件的企业。

从业人数，包括与企业建立劳动关系的职工人数和企业接受的劳务派遣用工人数。所称从业人数和资产总额指标，应按企业全年的季度平均值确定。具体计算公式如下：

季度平均值＝（季初值＋季末值）÷2

全年季度平均值＝全年各季度平均值之和÷4

年度中间开业或者终止经营活动的，以其实际经营期作为一个纳税年度确定上述相关指标。

三、由省、自治区、直辖市人民政府根据本地区实际情况，以及宏观调控需要确定，对增值税小规模纳税人可以在50%的税额幅度内减征资源税、城市维护建设税、房产税、城镇土地使用税、印花税（不含证券交易印花税）、耕地占用税和教育费附加、地方教育附加。

四、增值税小规模纳税人已依法享受资源税、城市维护建设税、房产税、城镇土地使用税、印花税、耕地占用税、教育费附加、地方教育附加其他优惠政策的，可叠加享受本通知第三条规定的优惠政策。

（续图）

五、《财政部 税务总局关于创业投资企业和天使投资个人有关税收政策的通知》（财税〔2018〕55号）第二条第（一）项关于初创科技型企业条件中的"从业人数不超过200人"调整为"从业人数不超过300人"，"资产总额和年销售收入均不超过3000万元"调整为"资产总额和年销售收入均不超过5000万元"。

2019年1月1日至2021年12月31日期间发生的投资投资，满2年且符合本通知规定和财税〔2018〕55号文件规定的其他条件的，可以适用财税〔2018〕55号文件规定的税收政策。

2019年1月1日前2年内发生的投资，自2019年1月1日起投资满2年且符合本通知规定和财税〔2018〕55号文件规定的其他条件的，可以适用财税〔2018〕55号文件规定的税收政策。

六、本通知执行期限为2019年1月1日至2021年12月31日。《财政部税务总局关于延续小微企业增值税政策的通知》（财税〔2017〕76号）、《财政部　税务总局关于进一步扩大小型微利企业所得税优惠政策范围的通知》（财税〔2018〕77号）同时废止。

七、各级财税部门要切实提高政治站位，深入贯彻落实党中央、国务院减税降费的决策部署，充分认识小微企业普惠性税收减免的重要意义，切实承担起抓落实的主体责任，将其作为一项重大任务，加强组织领导，精心筹划部署，不折不扣落实到位。要加大力度、创新方式，强化宣传辅导，优化纳税服务，增进办税便利，确保纳税人和缴费人实打实享受到减税降费的政策红利。要密切跟踪政策执行情况，加强调查研究，对政策执行中各方反映的突出问题和意见建议，要及时向财政部和税务总局反馈。

国家税务总局

2019年1月17日

图2-3　小微企业普惠性税收减免政策

实施小微企业和个体工商户所得税优惠政策的公告如图 2-4 所示。

财政部 税务总局关于实施小微企业和个体工商户所得税优惠政策的公告

财政部 税务总局公告2021年第12号

为进一步支持小微企业和个体工商户发展，现就实施小微企业和个体工商户所得税优惠政策有关事项公告如下：

一、对小型微利企业年应纳税所得额不超过100万元的部分，在《财政部税务总局关于实施小微企业普惠性税收减免政策的通知》（财税〔2019〕13号）第二条规定的优惠政策基础上，再减半征收企业所得税。

二、对个体工商户年应纳税所得额不超过100万元的部分，在现行优惠政策基础上，减半征收个人所得税。

三、本公告执行期限为2021年1月1日至2022年12月31日。

特此公告。

财政部税务总局

2021年4月2日

图 2-4　实施小微企业和个体工商户所得税优惠政策的公告

小型微利企业普惠性所得税减免政策如图 2-5 所示。

国家税务总局关于实施小型微利企业普惠性所得税减免政策有关问题的公告

国家税务总局公告2019年第2号

根据《中华人民共和国企业所得税法》及其实施条例、《财政部　税务总局关于实施小微企业普惠性税收减免政策的通知》（财税〔2019〕13号，以下简称《通知》）等规定，现就小型微利企业普惠性所得税减免政策有关问题公告如下：

一、自2019年1月1日至2021年12月31日，对小型微利企业年应纳税所得额不超过100万元的部分，减按25%计入应纳税所得额，按20%的税率缴纳企业所得税；对年应纳税所得额超过100万元但不超过300万元的部分，减按50%计入应纳税所得额，按20%的税率缴纳企业所得税。

小型微利企业无论按查账征收方式或核定征收方式缴纳企业所得税，均可享受上述优惠政策。

二、本公告所称小型微利企业是指从事国家非限制和禁止行业，且同时符合年度应纳税所得额不超过300万元、从业人数不超过300人、资产总额不超过5000万元等三个条件的企业。

三、小型微利企业所得税统一实行按季度预缴。

预缴企业所得税时，小型微利企业的资产总额、从业人数、年度应纳税所得额指标，暂按当年度截至本期申报所属期末的情况进行判断。其中，资产总额、从业人数指标比照《通知》第二条中"全年季度平均值"的计算公式，计算截至本期申报所属期末的季度平均值；年度应纳税所得额指标暂按截至本期申报所属期末不超过300万元的标准判断。

四、原不符合小型微利企业条件的企业，在年度中间预缴企业所得税时，按本公告第三条规定判断符合小型微利企业条件的，应按照截至本期申报所属期末累计情况计算享受小型微利企业所得税减免政策。当年度此前期间因不符合小型微利企业条件而多预缴的企业所得税税款，可在以后季度应预缴的企业所得税税款中抵减。

第二部分

（续图）

按月度预缴企业所得税的企业，在当年度4月、7月、10月预缴申报时，如果按照本公告第三条规定判断符合小型微利企业条件的，下一个预缴申报期起调整为按季度预缴申报，一经调整，当年度内不再变更。

五、小型微利企业在预缴和汇算清缴企业所得税时，通过填写纳税申报表相关内容，即可享受小型微利企业所得税减免政策。

六、实行核定应纳所得税额征收的企业，根据小型微利企业所得税减免政策规定需要调减定额的，由主管税务机关按照程序调整，并及时将调整情况告知企业。

七、企业预缴企业所得税时已享受小型微利企业所得税减免政策，汇算清缴企业所得税时不符合《通知》第二条规定的，应当按照规定补缴企业所得税税款。

八、《国家税务总局关于贯彻落实进一步扩大小型微利企业所得税优惠政策范围有关征管问题的公告》（国家税务总局公告2018年第40号）在2018年度企业所得税汇算清缴结束后废止。

特此公告

国家税务总局

2019年1月18日

图2-5 小型微利企业普惠性所得税减免政策

第二部分

扩大有关政府性基金免税范围如图2-6所示。

财政部 国家税务总局关于
扩大有关政府性基金免征范围的通知

财税〔2016〕12号

教育部、水利部，各省、自治区、直辖市计划单列市财政厅（局）、国家税务局、地方税务局、新疆生产建设兵团财务局：

经国务院批准，现将扩大政府性基金免征范围的有关政策通知如下：

一、将免征教育费附加、地方教育附加、水利建设基金的范围，由现行按月纳税的月销售额或营业额不超过3万元（按季度纳税的季度销售额或营业额不超过9万元）的缴纳义务人，扩大到按月纳税的月销售额或营业额不超过10万元（按季度纳税的季度销售额或营业额不超过30万元）的缴纳义务人。

二、免征上述政府性基金后，各级财政部门要做好经费保障工作，妥善安排相关部门和单位预算，保障工作正常开展，积极支持相关事业发展。

三、本通知自2016年2月1日起执行。

国家税务总局

2016年1月29日

图2-6 扩大有关政府性基金免税范围

第三部分 防伪税控开票系统操作

一、发票申请

(一) 申领税控盘

税务 Ukey 是符合国家税务总局《税务 Ukey 技术规范》,在计算机(或其他类同电子设备)的配合下实现税务功能的电子装置,属于税务数字证书介质的一种。供纳税人开票使用的便携式智能密码产品。产品内置时钟芯片和安全存储,既能满足纳税人在线开票,又能保证网络异常时进行离线开票,具有高可靠性、高安全性和高性能等特点的国密安全处理器,可为纳税人提供高级别的安全保护,如图 3-1 所示。

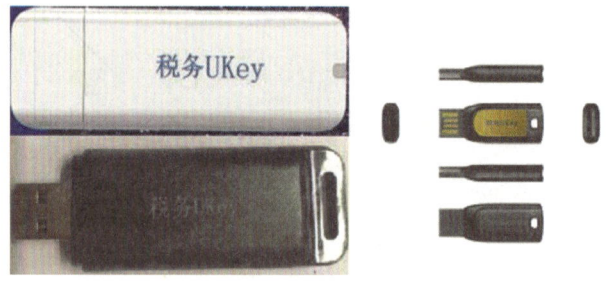

图 3-1 税务 Ukey

税控盘,是由国家信息安全工程技术研究中心研制,目前由百望科技负责技术支持服务。因为是黑色的,俗称黑盘,如图 3-2 所示。

图 3-2 税控盘(黑盘)

金税盘是由航天信息研发并生产的,航天信息是由中国航天科工集团有限公司控股、以信息安全为核心技术的 IT 行业高新技术国有上市公司,也是国内最早的税控设备生产服务商。因为是白色的,俗称白盘,如图 3-3 所示。

图 3-3　金税盘(白盘)

(二) 申领发票

申领发票,可到柜台办理,也可网上申领。首次申领发票必须柜台办理,带齐相关资料前往所属地税务机关办理,办理所需资料可电话咨询税务机关。

后期就可以通过网上申领发票了,非常便捷,无需再到柜台进行办理。通过网上电子税务局进行申领发票,审核通过后,发票就会直接邮寄至企业,大大提高了工作效率。网上申领的具体操作如下:

登录电子税务局,在我要办税—发票使用—发票领用模块里进行申请,如图 3-4 所示,按照要求填写相关信息,确认无误后提交申请。待审核通过后,发票就会根据提交的地址直接邮寄至企业。

图 3-4　发票领用界面

(三) 发票管理

1. 发票种类

增值税专用发票;增值税普通发票;增值税电子普通发票;机动车销售统一发票。

2. 发票的开具

(1) 发票的基本联次包括发票联、记账联、抵扣联。

（2）发票联由付款方或受票方作为付款原始凭证；记账联由收款方或开票方作为记账原始凭证。

（3）发票的基本内容包括：发票的名称、发票代码和号码、联次及用途、客户名称、社会信用代码、开户银行及账号、商品名称或经营项目、计量单位、数量、单价、大小写金额、开票人、开票日期、开票单位(个人)名称(章)等。

（4）增值税一般纳税人可以自行开具增值税专用发票和增值税普通发票、增值税电子普通发票。

（5）增值税小规模纳税人可以自行开具增值税普通发票、增值税电子普通发票、增值税专用发票。

根据《国家税务总局关于增值税发票管理等有关事项的公告》(国家税务总局公告2019年第33号)，增值税小规模纳税人(其他个人除外)发生增值税应税行为，需要开具增值税专用发票的，可以自愿使用增值税发票管理系统自行开具。选择自行开具增值税专用发票的小规模纳税人，税务机关不再为其代开增值税专用发票。

为了满足纳税人开具增值税电子普通发票的需求，国家税务总局在2015年11月发布了《关于推行通过增值税电子发票系统开具的增值税电子普通发票有关问题的公告》(国家税务总局公告2015年第84号)。根据公告相关精神，可以得知：增值税电子普通发票的开票方和受票方需要纸质发票时，可以自行打印增值税电子普通发票的版式文件，其法律效力、基本用途、基本使用规定等与税务机关监制的增值税普通发票相同。

2020年12月21日起，在天津、河北、上海、江苏、浙江、安徽、广东、重庆、四川、宁波和深圳等11个地区的新办纳税人中实行专票电子化。

（6）一般纳税人取得专用发票后，发生销货退回、开票有误等情形但不符合作废条件的，或者因销货部分退回及发生销售折让的，购买方应向主管税务机关填报《开具红字增值税专用发票申请单》；销货方凭购货方提供的税务机关出具的《开具红字增值税专用发票通知单》才能开具红字增值税专用发票。

二、开票软件的基本操作

为了进一步加大"非接触式"办税力度，国家税务总局推行一种开票设备"税务Ukey"，不仅为接下来推广电子发票打下基础，也降低了纳税人的办税成本。

（1）进入"国家税务总局全国增值税发票查询平台"，点击"相关下载"，下载"增值税发票开票软件(税务Ukey版)"，如图3-5所示。

图 3-5　下载税务 Ukey

（2）插入税务 Ukey，登录增值税发票开票软件。默认的证书密码是"88888888"，纳税人第一次使用可以更改密码，如图 3-6 所示。

图 3-6　登录

(3)点击"系统维护—系统参数设置—参数设置"可以填写企业的基本信息,如企业地址和电话等,如图3-7所示。

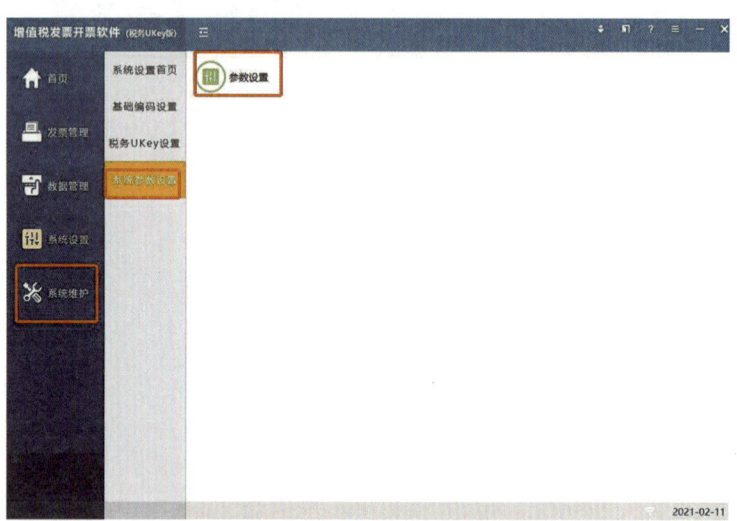

图3-7　填写企业基本信息

(4)电子税务局申请完发票,需在开票软件进行"发票网上分发",如图3-8所示。

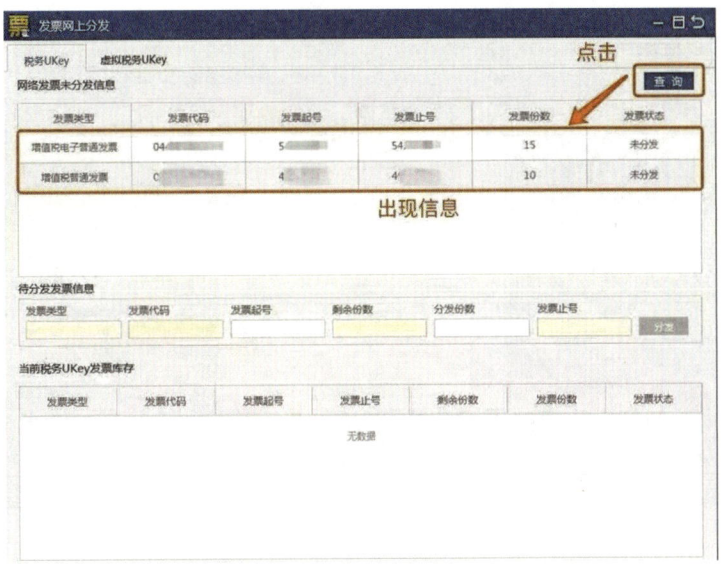

图 3-8 发票网上分发

（5）发票分发完需添加发票名称。可在"发票开票"首页，"自定义货物与劳务编码"添加发票商品名称。商品名称添加完需"赋码"（若是小规模纳税人，税率选择3％，因为疫情原因税率降为1％，这个税率可在开票页面选择），如图3-9所示。

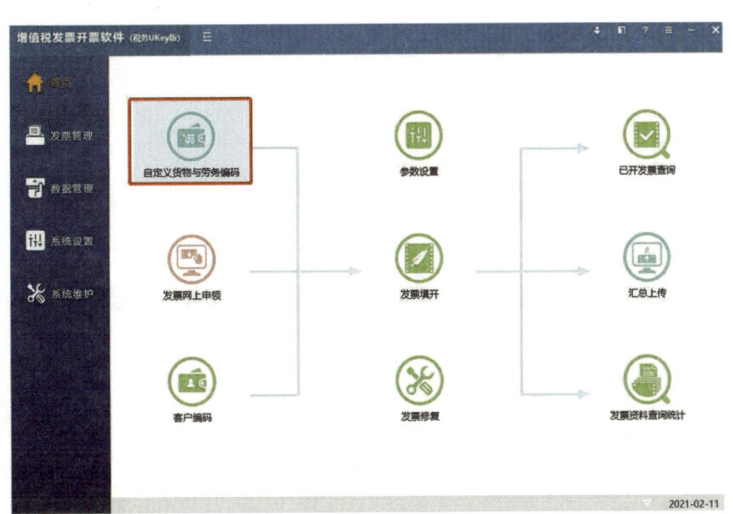

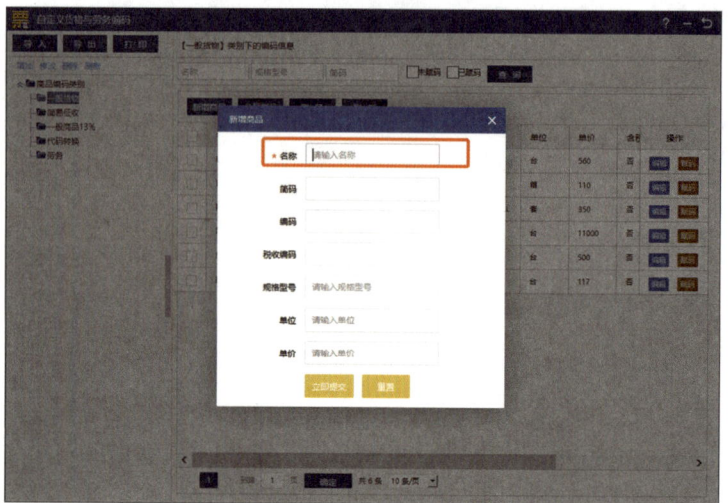

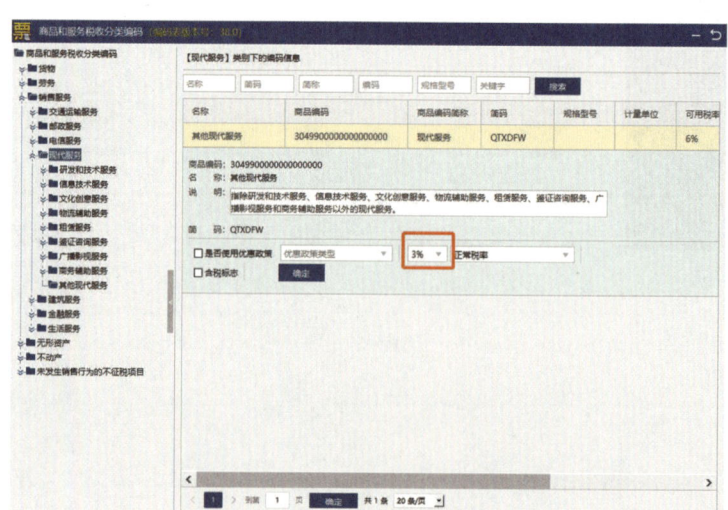

图3-9　自定义货物与劳务编码、税率

（6）商品编码添加完成，即可开发票。选择"发票填开"，点击所需开票的票种，下面操作以"增值税普通发票"为例。若需选择"购买方名称"或者"商品名称"，双击即可。如图3-10所示。

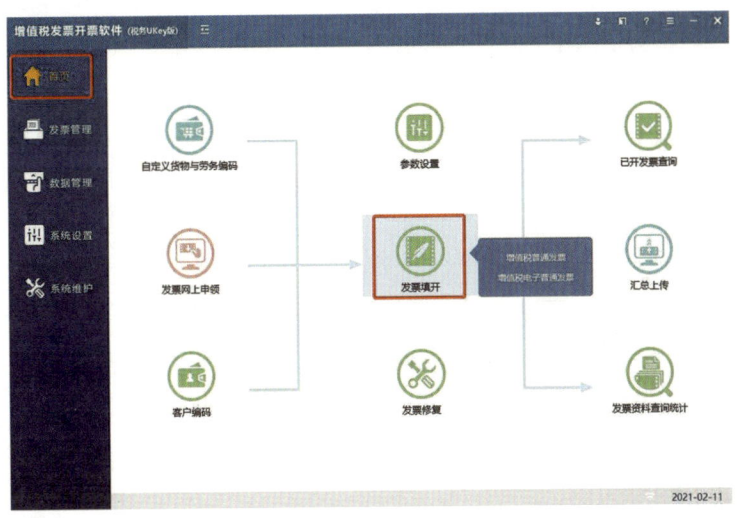

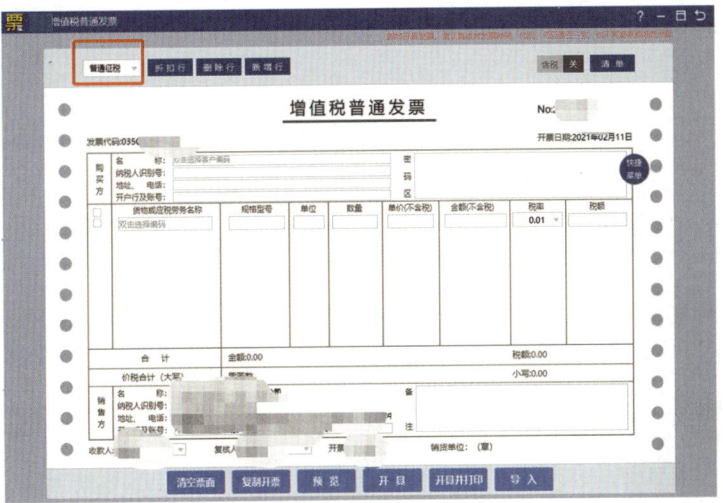

图3-10 填写发票信息

（7）发票信息填写完毕，点击"开具"即可，如图3-11所示。

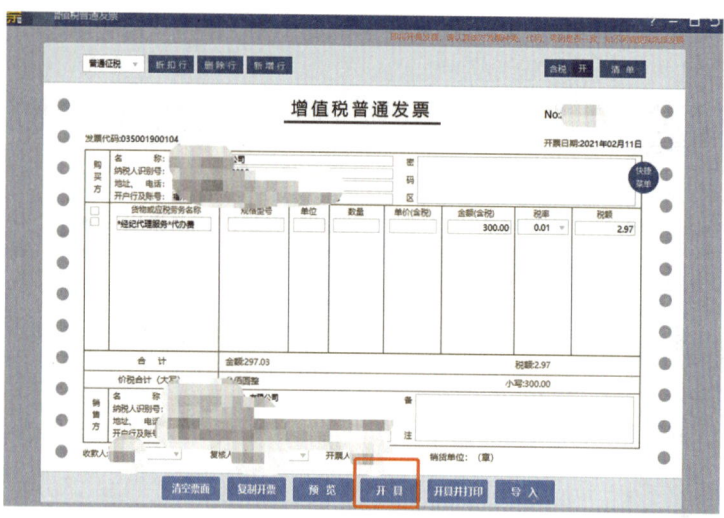

图3-11　开具发票

（8）已开的发票，可在首页查询。若需红冲或者作废发票，需在"已开发票查询"里点击"查看原票"，再进行作废或者红冲，如图3-12所示。

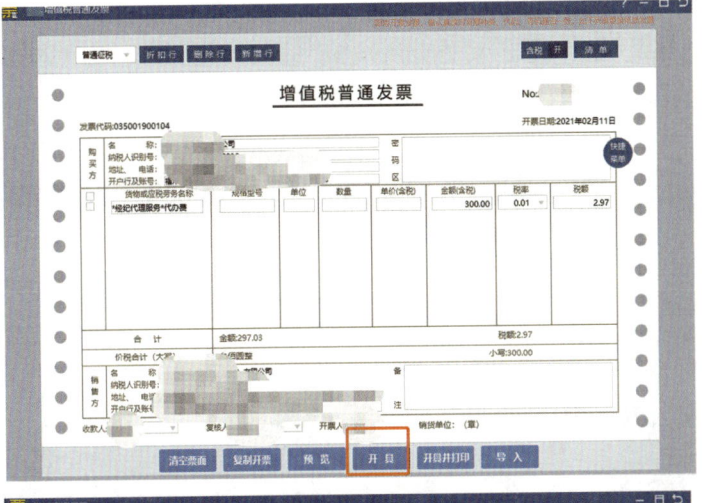

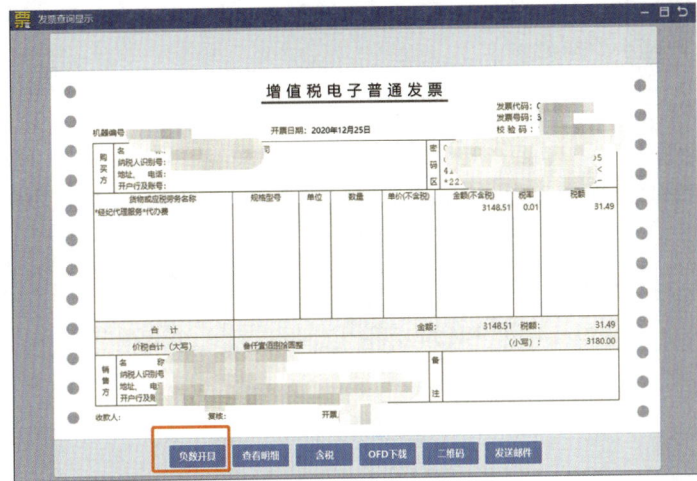

图 3-12　查询发票

（9）报税期可在"发票资料查询统计"里查询所属期开票金额，如图 3-13 所示。

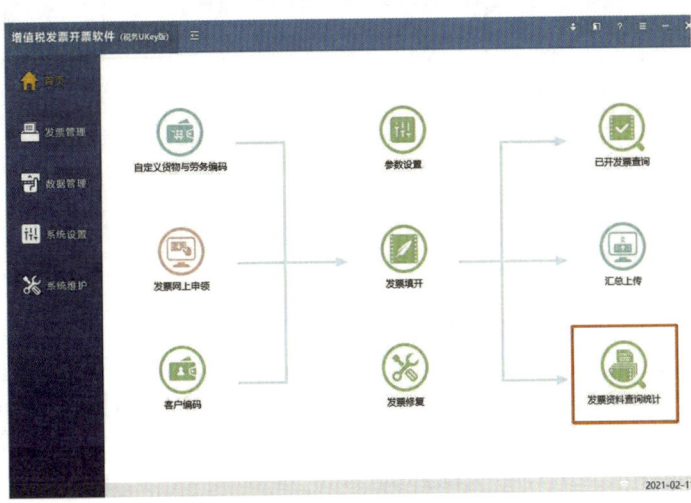

图 3-13　发票资料查询统计

第
三
部
分

（10）报税期进行"汇总上报"，"反写监控"，开票截止时间跳转到下个月即可（如果在多台电脑开票，需点击"发票同步"按钮，将税务 Ukey 中的发票同步到本地电脑，以确保统计的准确性），如图 3-14 所示。

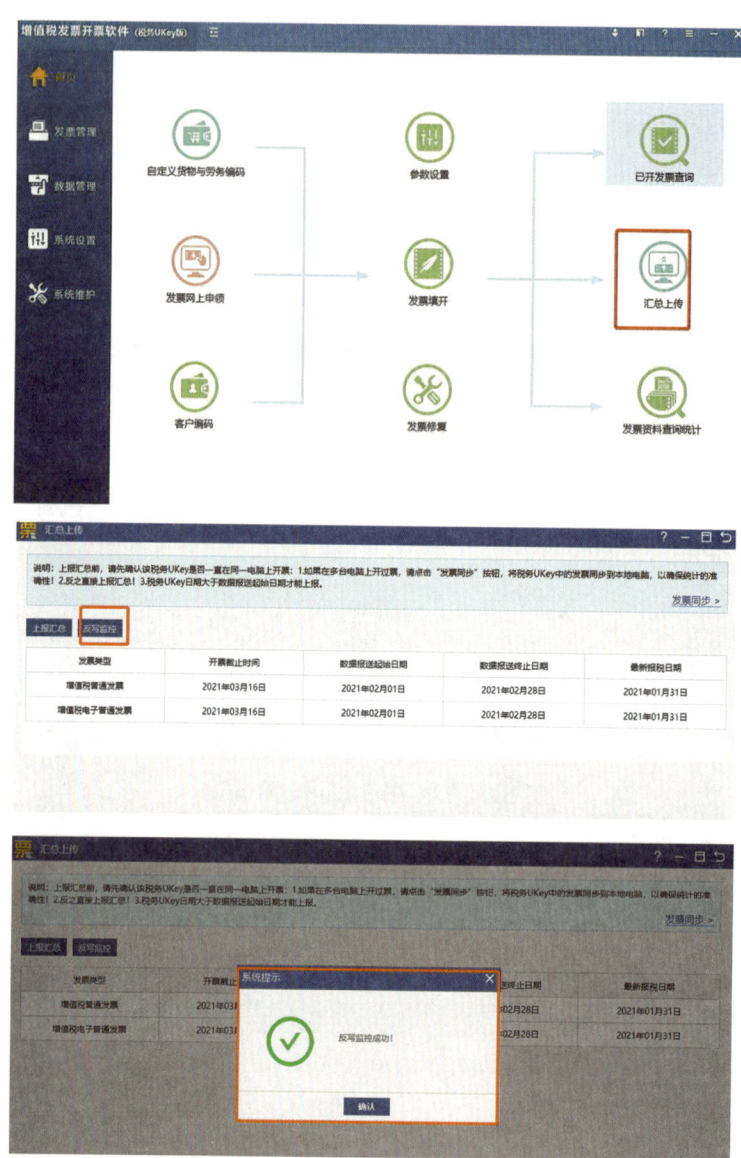

图 3-14　汇总上报

三、开具增值税专用发票

根据《国家税务总局关于增值税发票管理等有关事项的公告》（国家税务总局公告 2019 年第 33 号），从 2020 年 2 月 1 日起，所有小规模纳税人都可申请自行开具增值税专用发票。文件规定，增值税小规模纳税人（其他个人除外）发生增值税应税行为，需要开具增值税专用发票的，可以自愿使用增值税发票管理系统自行开具。选择自行开具增值税专用发票的小规模纳税人,税务机关不再为其代开增值税专用发票。

小规模纳税人未在电子税务局提出申请的,不得自行开具增值税专用发票,只能申请代开增值税专用发票。具体办理步骤如下:

(1) 登录电子税务局,在"代开发票"模块中提交代开发票相关信息,如图3-15所示。

图 3-15　电子税务局—代开发票界面

(2) 电子税务局中显示审批通过后,即可到税务机关自助服务机上打印增值税专用发票。在打印发票之前,要保证银行账户里有足够的金额缴纳增值税和附加税。只有缴纳了相关税金,才能顺利打印增值税专用发票。

(3) 在发票上加盖"发票专用章"。

四、开票业务

江东东方服饰有限公司申领了税控盘,2021年11月和12月发票相关业务如下。

(一) 11月发票相关业务

业务1:11月11日,销售给江州鼎典贸易有限公司一批运动服,根据销售单开具增值税普通发票一张。

业务2:11月12日,开具给江州田野商贸有限公司的发票,发现开票信息纳税人识别号有误,立即在开票系统作废该份发票,并在已经打印的纸质发票上写上"作废",保留该份发票所有联次,验旧领新发票时备查。

业务3:11月12日,按正确开票信息纳税人识别号,重新开具一份增值税普通发票给江州田野商贸有限公司。

业务4:11月13日,销售给个人(肖俊杰)两套运动服,根据销售单开具增值税普通发票一张。

业务5:11月13日,销售给江州市第一中学一批运动服,根据销售单开具增值税普通发票一张。

业务6:11月13日,销售给江州恒隆贸易有限公司一批运动服,对方要求开具增值税专用发票,根据销售单开具增值税专用发票一张。

(二) 12月发票相关业务

业务7:2021年12月6日,销售给江州武进商贸有限公司一批运动服,根据销售单开具增值税普通发票一张。

业务8:上月开具给江州市第一中学的增值税普通发票被退回,对方要求更换开票信息。

业务9:根据客户提供的开票信息,重新开具增值税普通发票一张。

开票实训任务

INVOICE TRAINING TASK

  若有模拟开票系统，可尝试完成江东东方服饰有限公司 2021 年 11 月和 12 月的开票实操练习，界面如图 3-16 所示。

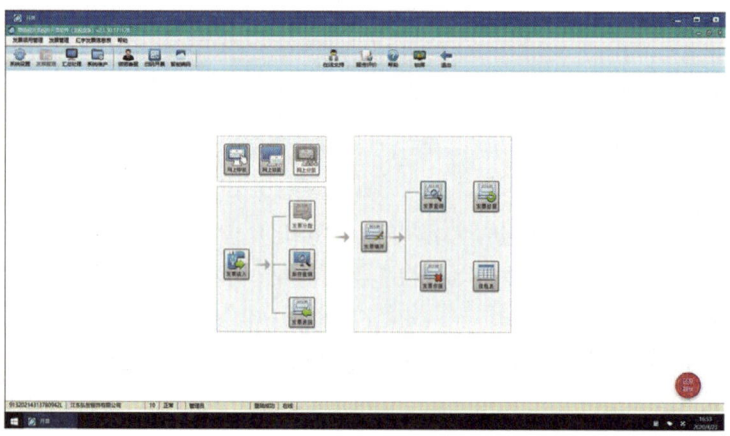

图 3-16　界面

第四部分 新设企业筹办期账务处理指南

一、筹办期的确定

《企业所得税暂行条例实施细则》对于筹建期定义为：从企业被批准筹建之日起至开始生产经营（包括试生产、试营业）之日的期间。

二、筹办期发生的费用归集

开办费是指企业在批准筹建之日起，到开始生产、经营（包括试生产、试营业）之日止的期间（即筹建期间）发生的费用支出，包括筹建期人员工资、办公费、培训费、差旅费、印刷费、注册登记费以及不计入固定资产和无形资产购建成本的汇兑损益和利息支出。

（一）开办费的具体内容

（1）筹建人员工资，包括筹建人员的工资、奖金等工资性支出、缴纳的各项社会保险以及根据工资总额提取的职工福利费等。

（2）筹建人员办公费用，包括差旅费、会议费、办公费、印刷费、通信费等。

（3）企业设立登记费用，包括工商注册费、税务登记费、验资费、咨询费、公证费、律师费等。

（4）税金，包括印花税、车船税、土地使用税等。

（5）培训费，包括聘请专家进行技术指导和培训的劳务费及相关费用，因引进设备和技术而选派职工在筹建期间外出学习的费用等。

（6）资产摊销，包括低值易耗品摊销、固定资产计提折旧、无形资产摊销等。

（7）其他，包括业务招待费、广告费、开业典礼费等。

（8）财务费用类，包括筹资支付的手续费以及不计入固定资产和无形资产的汇兑损益和利息支出等。

（二）不列入开办费范围的支出

（1）取得各项资产所发生的费用，包括购建固定资产和无形资产时支付的运输费、安装费、保险费和购建时发生的相关人工费用。

（2）规定应由投资各方负担的费用，如投资各方为筹建企业进行了调查、洽谈发生的差旅费、咨询费、招待费等支出。我国政府还规定，中外合资进行谈判时，要求外商洽谈业务所发生的招待费用不得列作企业开办费，由提出邀请的企业负担。

（3）为培训职工而购建的固定资产、无形资产等支出不得列作开办费。

（4）投资方因投入资本自行筹措款项所支付的利息，不得计入开办费，应由出资方自行负担。

(5)以外币现金存入银行而支付的手续费,该费用应由投资者负担。

三、筹办期账务处理常见问题

(一)筹办期在办理工商登记前发生的费用,发票要求是怎样的

(1)对于收据,最好将收据换成正式发票做账。因为对于查账征收方式的单位来说,使用收据入账的成本费用不能税前扣除,年终所得税汇算清缴时要做纳税调整。

(2)如果只有收据,也可以入账,只不过汇算清缴时需要纳税调增。

(二)人员工资如何入账

(1)取得营业执照后,办理了税务申报手续,就按财税规定做账报税。

(2)如果还没有取得营业执照,发放的工资账务处理按会计准则的要求记账,需要自行申报交纳个税。

(三)筹办期发生的业务招待费如何入账

《国家税务总局关于企业所得税应纳税所得额若干税务处理问题的公告》(国家税务总局公告 2012 年第 15 号)规定,企业在筹建期间,发生的与筹办活动有关的业务招待费支出,可按实际发生额的 60% 计入企业筹办费,并按有关规定在税前扣除。

第五部分 新设企业账务处理

一、会计核算流程

在了解企业相关信息以及经济业务后,进行账务处理。这里采用的是手工账账务处理。期初进行建账工作,由于该企业是新办企业,并无期初数据。首先,根据审核后的原始单据填制相应的记账凭证;其次根据审核后的记账凭证登记明细账,编制科目汇总表,最后根据科目汇总表或者明细账登记总分类账,编制会计报表,相关核算流程如图5-1所示。

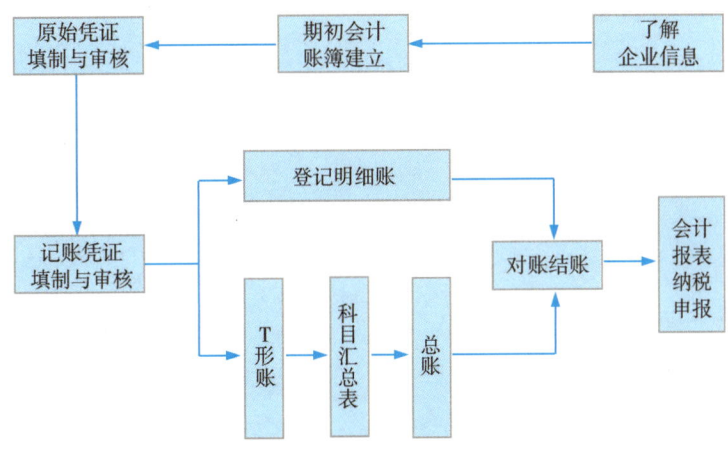

图5-1 会计核算流程

二、会计科目准备

本企业采用《小企业会计准则》,根据该准则附录选择一级科目,根据核算需要设置明细科目。具体科目设置如表5-1所示。

表5-1 科目设置

科目代码	科目名称	应设置账簿
1001	库存现金	总分类账/库存现金日记账
1002	银行存款	总分类账
100201	建设银行沿江支行8466账户	银行存款日记账
1122	应收账款	总分类账
112201	江州鼎典贸易有限公司	三栏式明细账
112202	江州田野商贸有限公司	三栏式明细账

（续表）

科目代码	科目名称	应设置账簿
112204	江州市第一中学	三栏式明细账
112205	江州恒隆贸易有限公司	三栏式明细账
112206	江州武进商贸有限公司	三栏式明细账
112207	江州市体育局	三栏式明细账
1221	其他应收款	总分类账
122101	赵磊	三栏式明细账
122102	李强平	三栏式明细账
1405	库存商品	总分类账
140501	男士运动服套装	数量金额明细账
140502	女士运动服套装	数量金额明细账
1601	固定资产	总分类账/三栏式明细账
1602	累计折旧	总分类账
1801	长期待摊费用	总分类账
2202	应付账款	总分类账
220201	江东中胜贸易有限公司	三栏式明细账
220202	江州吾悦服饰有限公司	三栏式明细账
2211	应付职工薪酬	总分类账
221101	职工工资	三栏式明细账
221102	社会保险费	三栏式明细账
2221	应交税费	总分类账
222101	应交增值税	三栏式明细账
222112	应交个人所得税	三栏式明细账
2241	其他应付款	总分类账
224101	贺勇	三栏式明细账
224102	代扣个人社保	三栏式明细账
3001	实收资本	总分类账
300101	贺勇	三栏式明细账
3103	本年利润	总分类账
3104	利润分配	总分类账
310415	未分配利润	三栏式明细账
5001	主营业务收入	总分类账
5301	营业外收入	总分类账
530101	减免税款	三栏式明细账
5401	主营业务成本	总分类账
5403	税金及附加	总分类账
540301	城市维护建设税	三栏式明细账
540302	印花税	三栏式明细账
5601	销售费用	总分类账
560101	差旅费	多栏式明细账
560102	工资	多栏式明细账

（续表）

科目代码	科目名称	应设置账簿
560103	社保费	多栏式明细账
560104	广告和业务宣传费	多栏式明细账
5602	管理费用	总分类账
560201	办公费	多栏式明细账
560202	房租	多栏式明细账
560203	水电费	多栏式明细账
560204	业务招待费	多栏式明细账
560205	市内交通费	多栏式明细账
560206	差旅费	多栏式明细账
560207	工资	多栏式明细账
560208	社保费	多栏式明细账
560209	折旧费	多栏式明细账
560210	快递费	多栏式明细账
560211	通信费	多栏式明细账
560299	其他	多栏式明细账
5603	财务费用	总分类账
560301	利息	多栏式明细账
560302	手续费	多栏式明细账

三、10～12月原始凭证列表

（1）2021年10月，按经济业务发生先后时间整理如表5-2所示。

表5-2　10月经济业务

序列	日期	经济业务	原始凭证
1	2021/10/23	代垫对公账户开户费用	费用报销单、银行业务收费凭证
2	2021/10/23	收到投资款	银行回单
3	2021/10/23	提取备用金	银行回单、单位结算卡业务凭证
4	2021/10/26	归还垫付款	付款申请单、银行回单
5	2021/10/28	报销宽带费	费用报销单、增值税电子普通发票
6	2021/10/29	购买办公用品	费用报销单、增值税普通发票
7	2021/10/29	采购办公桌椅	固定资产验收单、增值税普通发票、银行回单、付款申请单
8	2021/10/29	采购打印机、电脑	固定资产验收单、增值税普通发票、银行回单、付款申请单
9	2021/10/30	支付房租和押金	租赁合同、收据、增值税普通发票（个人代开发票）、银行回单、付款申请单
10	2021/10/30	支付银行手续费	银行回单
11	2021/10/31	摊销房租	房租摊销表

（续表）

序列	日期	经济业务	原始凭证
12	2021/10/31	结转本期损益	当期损益计算表

（2）2021年11月，按照经济业务发生先后时间整理如表5-3所示。

表5-3　11月经济业务

序列	日期	经济业务	原始凭证
1	2021/11/4	报销快递费	费用报销单、增值税电子普通发票
2	2021/11/4	购买办公用品	费用报销单、增值税普通发票、发票清单
3	2021/11/5	提取备用金	银行回单、单位结算卡业务凭证
4	2021/11/8	采购运动服	入库单、增值税普通发票
5	2021/11/8	采购运动服	入库单、增值税普通发票、银行回单、付款申请单
6	2021/11/11	销售运动服	销售单（代合同）、出库单、增值税普通发票
7	2021/11/12	销售运动服	销售单（代合同）、出库单、增值税普通发票（作废）
8	2021/11/12	销售运动服	增值税普通发票
9	2021/11/13	销售运动服	销售单（代合同）、出库单、增值税普通发票、银行回单
10	2021/11/13	销售运动服	销售单（代合同）、出库单、增值税普通发票
11	2021/11/13	销售运动服	销售单（代合同）、出库单、增值税专用发票
12	2021/11/14	收到款项	银行回单
13	2021/11/15	缴纳	10月印花税银行回单（2张）
14	2021/11/23	支付银行手续费	银行回单（2张）
15	2021/11/23	预支差旅费	借款单
16	2021/11/30	计提工资	工资计提表
17	2021/11/30	计提社保	社保计提表
18	2021/11/30	计提折旧	折旧计提表
19	2021/11/30	摊销房租	房租摊销表
20	2021/11/30	结转销售成本	销售成本计算表
21	2021/11/30	结转本期损益	当期损益计算表

（3）2021年12月，按照经济业务发生先后时间整理如表5-4所示。：

表5-4　12月经济业务

序列	日期	经济业务	原始凭证
1	2021/12/3	收到贺勇现金垫付款	收款收据
2	2021/12/3	现金存银行	现金交款单、银行回单

第五部分

（续表）

序列	日期	经济业务	原始凭证
3	2021/12/5	采购运动服	入库单、增值税普通发票、银行回单、付款申请单
4	2021/12/5	采购运动服	入库单、增值税普通发票
5	2021/12/6	销售运动服	销售单（代合同）、出库单、增值税普通发票
6	2021/12/7	销售运动服	增值税发票（销售负数）
7	2021/12/7	销售运动服	增值税普通发票、销售单（代合同）
8	2021/12/9	销售运动服	销售单（代合同）、出库单、收款收据
9	2021/12/9	现金收入存银行	现金交款单、银行回单
10	2021/12/9	报销差旅费	差旅费报销单、火车票（两张）、增值税普通发票（住宿）、增值税普通发票（餐饮）
11	2021/12/10	报销出租车费	费用报销单、出租车发票
12	2021/12/11	支付广告费	付款申请单、增值税普通发票、银行回单
13	2021/12/11	支付城管罚款	定额发票（5张）费用报销单、原始凭证粘贴单
14	2021/12/11	支付个人清理垃圾费	费用报销单、收条
15	2021/12/12	支付招待费	费用报销单、卷式发票
16	2021/12/12	收到江州恒隆货款	银行回单
17	2021/12/12	支付江东中胜货款	付款申请单、银行回单
18	2021/12/12	缴纳11月印花税	银行回单
19	2021/12/15	网银支付工资	银行回单、工资表
20	2021/12/20	支付社保	银行回单、征缴通知单
21	2021/12/23	支付银行手续费	银行回单
22	2021/12/23	收银行利息	银行回单
23	2021/12/25	支付四季度水电费	费用报销单、增值税普通发票（水费）、增值税普通发票（电费）
24	2021/12/31	计提本月工资	工资计提表
25	2021/12/31	计提社保	社保计提表
26	2021/12/31	计提折旧	折旧计提表
27	2021/12/31	摊销房租	房租摊销表
28	2021/12/31	结转销售成本	销售成本计算表
29	2021/12/31	增值税减免	增值税减免计算表
30	2021/12/31	计提附加税	附加税费计提表
31	2021/12/31	结转本期损益	当期损益计算表
32	2021/12/31	结转本年利润	

账务处理实训
ACCOUNTING TREATMENT

请使用手工账全套材料完成江东东方服饰有限公司 2021 年 10～12 月的全盘账务处理实操。

1. 建账

新设企业，新建账套，按照会计工作的实际要求，启用新账簿。

2. 审核原始凭证

根据江东东方服饰有限公司 2021 年 10～12 月份发生经济业务所取得的原始凭证进行审核、整理。

3. 填制记账凭证

根据审核无误的原始凭证，编制记账凭证，并对所填制的记账凭证进行审核。

4. 登记账簿

按要求登记账簿，具体包括现金日记账、银行存款日记账、三栏式明细账、多栏式明细账、数量金额式明细账、总账等。

5. 对账和结账

期末结账前应先对账，做到账证核对、账账核对和账实核对。如有问题，需按规定进行错账更正，确保无误。

6. 编制财务报表

结账完成后，根据本期账户明细账、总账余额和发生额编制资产负债表和利润表。

第五部分

第六部分 新设企业纳税申报

一、小规模纳税人纳税申报内容

表 6-1 小规模纳税常用税种汇总

序列	税种	申报方式	申报系统
1	增值税	按季申报	电子税务局
2	企业所得税	按季申报	
3	城市维护建设税	按季申报	
4	教育费附加	按季申报	
5	地方教育附加	按季申报	
6	财务报表	按季申报	
7	印花税	按月申报	
8	个人所得税	按月申报	自然人电子税务局

二、各税种概述

(一) 增值税

(1) 概念：增值税是以商品(含应税劳务)在流转过程中产生的增值额作为计税依据而征收的一种流转税。

(2) 征收率：小规模纳税人增值税征收率一般为 3%。

(3) 计算：

$$小规模纳税人应纳增值税 = \frac{含税销售额}{(1+征税率)} \times 征收率$$

(二) 企业所得税

(1) 概念：企业所得税是对我国境内的企业和其他取得收入的组织的生产经营所得和其他所得征收的一种税。

(2) 计算：

企业所得税额 = 应纳税所得额×税率－减免税额－抵免税额

(三) 城市维护建设税

(1) 概念：城市维护建设税是对从事工商经营,缴纳增值税、消费税的单位和个人征收的一种附加税。

（2）计算：

应纳税额=（实际缴纳的增值税+消费税）×7％

（四）教育费附加

（1）概念：教育费附加是对缴纳增值税、消费税的单位和个人，就其实际缴纳税额为计算依据征收的一种附加税。

（2）计算：

应纳税额=（实际缴纳的增值税+消费税）×3％

（五）地方教育附加

（1）概念：地方教育附加是对缴纳增值税、消费税的单位和个人，就其实际缴纳税额为计算依据征收的一种附加税。

（2）计算：

应纳税额=（实际缴纳的增值税+消费税）×2％

（六）印花税

（1）概念：印花税是对经济活动和经济交往中订立、领受具有法律效力的凭证的行为所征收的一种税。

（2）计算：

应纳税额=应纳税凭证记载的金额（费用、收入额）×适用税率

应纳数额=应纳税凭证的件数×适用税额标准

（七）个人所得税

（1）概念：个人所得税是国家对本国公民、居住在本国境内的个人的所得和境外个人来源于本国的所得征收的一种所得税。

（2）计算：根据2019年新个税政策计算个人所得税，起征点为5 000元，计算公式如下：

本期应预扣预缴税额=（累计预扣预缴应纳税所得额×预扣率-速算扣除数）

-累计减免税额-累计已预扣预缴税额

累计预扣预缴应纳税所得额=累计收入-累计免税收入-累计减除费用-累计专项扣除

-累计专项附加扣除-累计依法确定的其他扣除

表6-2　个人所得税预扣率表（一）

（居民个人工资、薪金所得预扣预缴适用）

级数	累积预扣预缴应纳税所得额	税率	速算扣除数
1	未超过3.6万元的部分	3％	0
2	超过3.6万元至14.4万元的部分	10％	2 520
3	超过4.4万元至30万元的部分	20％	16 920
4	超过30万元至42万元的部分	25％	31 920
5	超过42万元至66万元的部分	30％	52 920

（续表）

级数	累积预扣预缴应纳税所得额	税率	速算扣除数
6	超过 66 万元至 96 万元的部分	35％	85 920
7	超过 96 万元的部分	45％	181 920

三、纳税申报注意事项

（一）延期纳税申报的时间限制

延期缴税的期限不得超过三个月，在延期缴税期限内不加收滞纳金。同一纳税人应纳的同一税种的税款在一个纳税年度内只能申请延期缴纳一次。纳税人在延期内应积极筹措资金缴纳税款。

对纳税人经批准延期缴纳的税款逾期未缴的，税务机关应当从批准期限届满的次日起，按日加收滞纳金，并发出催缴税款通知书，责令其限期缴纳，逾期仍不缴纳的，应就应缴税款及滞纳金实施强制执行。

（二）新公司暂时没有收入，可以不报税吗

公司新成立可能会出现暂时没有收入的情况。此时，公司可能会误以为没有发生营业收入，也不需要购买发票，就不用到税务机关进行报税了。实际上新公司暂时没有收入同样需要进行报税。

根据税收征管法的规定，从税务登记之日起，企业必须在规定的时间内（登记之日起 30 天内）建立账册并进行每月纳税申报，没有收入也需要零申报。否则，税务部门将根据延期申报的天数进行处罚。

第
六
部
分

纳税申报实训

TAX DECLARATION TRAINING

若有模拟纳税申报系统,可尝试完成江东东方服饰有限公司 2021 年第四季度的纳税申报实操,界面如图 6-1 所示。

图 6-1　界面

个税申报实训

PERSONAL TAX DECLARATION TRAINING

若有模拟个税申报系统,可尝试完成江东东方服饰有限公司 2021 年 12 月份的个税申报实操,界面如图 6-2 所示。

图 6-2　界面

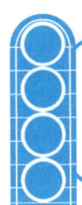

第七部分 会计档案处理

一、会计凭证装订

会计凭证一般在每月结账后装订一次,装订好后要妥善保存,以便后期查阅。会计凭证的装订步骤如表7-1所示,会计凭证打孔装订步骤如图7-1所示。

表7-1 会计凭证装订步骤

步骤	内容
(1)原始凭证整理	粘贴在记账凭证后面
(2)记账凭证整理	按照凭证号进行整理,确保不断号、不跳号
	检查记账凭证日期、金额、经济业务与原始凭证是否一一对应
	取出大头针、曲别针、订书钉等金属物
(3)其他资料整理	科目汇总表、T形账放会计凭证的最前面
	试算平衡表放会计凭证后面
	银行对账单、银行存款余额调节表可装订在第一本凭证中或年终单独装订保存,按企业历年要求处理
(4)物料顺序	凭证包角字面朝下放凭证封面上面
	顺序:包角、凭证封面、科目汇总表、T形账、会计凭证、试算平衡表、凭证封底
(5)打孔装订	左沿边对齐,上沿边对齐,并用夹子固定好
	左上角打孔:分别距左沿边、上沿边1.5厘米各打一个孔
	穿线装订,装订后在会计凭证背面打结系紧,剪掉多余线头
	粘贴好包角
(6)填写凭证信息	填写封面信息:年度、月份、册数、凭证起止号、单位信息、会计人员等
	填写包角信息:年度、月份、册数、凭证起止号

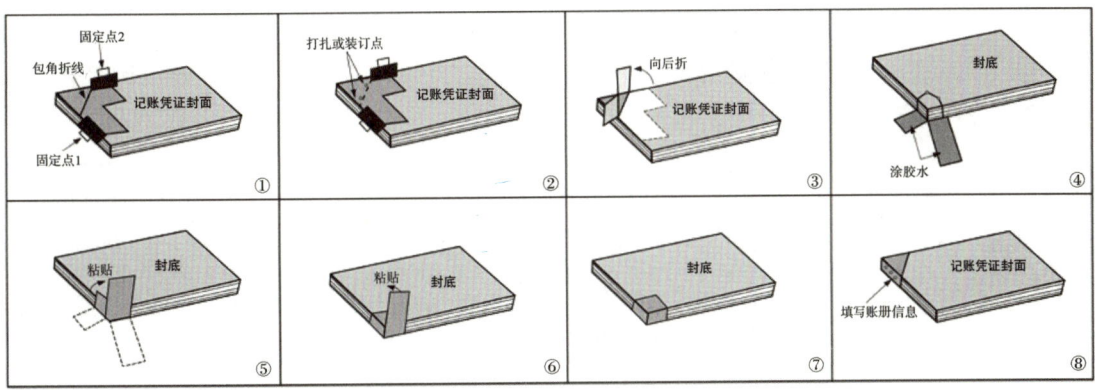

图7-1 会计凭证打孔装订步骤

二、会计账簿装订

账簿装订通常是指活页账的装订。通常会计账簿只需要一年装订一次。具体装订方法如表 7-2 所示,打孔装订如图 7-2 所示。

表 7-2　账簿装订方法

步骤	内容
(1)账页排序	将活页式账簿按资产类、负债类、所有者权益类的各会计科目顺序排列账页
	账页编码,包括总页、分页,其中总页是指本张账页在整个账簿中所对应的页码。分页是指本张账页在同一账户的账页中所处的位置
(2)封面顺序	账簿封面、账簿启用表、目录表、账页、账簿封底
(3)打孔装订	左沿边对齐,上沿边对齐,并用夹子固定好
	左侧打孔装订,距左沿边 1.5 厘米处等距离打 3 个孔,两孔之间距离为 3 厘米
	穿好线绳,在背面打结系紧后,剪掉多余的线头,用胶水粘好包角纸

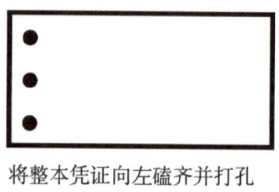

将整本凭证向左磕齐并打孔

用线绳穿过三个孔并捆绑紧

将绳结打在背面,并用纸条封盖

图 7-2　账簿打孔装订示意图

三、会计报表的装订

会计报表编制完成及时报送后,留存的报表按月装订成册谨防丢失。小企业可按季装订成册。具体装订方法如表 7-3 所示。

表 7-3　会计报表装订方法

步骤	内容
(1)报表整理	会计报表装订前要按编报目录核对是否齐全,整理报表页数,上边和左边对齐压平,防止折角,如有损坏部位修补后,完整无缺地装订
(2)装订顺序	会计报表封面、会计报表编制说明、各种会计报表(按编号顺序排列)、会计报表的封底

会计档案装订实训

PRACTICAL TRAINING OF ACCOUNTING FILE BINDING

请完成江东东方服饰有限公司 2021 年 10~12 月的会计档案的装订实操。

（1）按要求将 10~12 月会计凭证进行整理，按月分别进行装订。

（2）按要求将 10~12 月财务报表进行整理，按季度进行装订。

第七部分

第八部分　工商年报

一、工商年报概念

工商年报又称"企业年报",新出台的《注册资本登记制度改革方案》提出,企业年检制度改为企业年度报告公示制度。企业应当按年度在规定的期限内,通过市场主体信用信息公示系统向市场监督部门报送年度报告,并向社会公示,任何单位和个人均可查询。凡是经过注册登记的企业单位,都要参加年报。当年成立的企业,从下一年起开始年报。

只要在市场监督部门进行注册登记的市场主体都需要进行年报,包括公司、非公司企业法人、合伙企业、个人独资企业、分支机构、个体工商户。

二、网上年报申请入口

在百度搜索《国家企业信用信息公示系统》(官网),即可进入(图8-1)。

图8-1　网上年报申请入口

三、工商年报的时间

(1) 年度报告:每年1月1日至6月30日。

(2) 其他公示信息:信息产生之日起20个工作日内其他依法公示信息内容:

① 有限责任公司股东或者股份有限公司发起人认缴和实缴的出资额、出资时间、出资方式等信息。

② 有限责任公司股东股权转让等股权变更信息。

③ 行政许可取得、变更、延续信息。

④ 知识产权出质登记信息。

⑤ 受到行政处罚的信息。

⑥ 其他依法应当公示的信息。

四、企业工商年报逾期的后果

（1）未按时公示年报的企业会被纳入异常名录，即使以后补报也会一直存在。

（2）企业不能做任何变更，如地址、股东、经营范围等，不能参加投资或成立分支机构。

（3）企业法人、股东等高管任职人员信誉会受到影响，无法银行贷款、出入境、参与招投标等。

（4）年报未通过或逾期的，企业法人必须亲自配合到场提交相关资料以及罚款。

（5）超过3年未履行的，市场监督部门将其永久载入经营异常名录，不得恢复正常记载状态。

五、企业年报的申报内容

（1）企业的通信地址、邮政编码、联系电话、电子邮箱等信息。

（2）企业开业、歇业、清算等公司存续信息。

（3）企业投资设立企业、购买股权信息。

（4）有限责任公司或股份有限公司股东或发起人注册资金认缴和实缴出资额、出资时间以及方式等信息。

（5）企业股权变更信息。

（6）企业网站或从事网络经营的网店名及网址信息。

（7）企业的从业人数、资产总额、负债总额、对外提供的担保保证、所有者权益合计、营业总收入、主营业务收入、利润总额、净利润、纳税总额信息。

（8）公司党建信息，包括企业党组织的建立情况、中共党员（包括预备党员）人数。

（9）公司社保信息，包括参保各险种人数、单位缴费基数、实际缴费金额、累计欠缴金额等。

若有模拟申报系统,可尝试完成江东东方服饰有限公司 2021 年度工商年报申报实操,界面如图 8-2 所示。

图 8-2　界面

第九部分　汇算清缴

一、汇算清缴概念

　　汇算清缴是指所得税和某些其他实行预缴税款办法的税种,在年度终了后的税款汇总结算清缴工作。所得税等税种,通常按纳税人的全年应税收入额为计征依据,在年度终了后,按全年的应税收入额,依据税法规定的税率计算征税。

　　根据《企业所得税法》及其实施细则,《外商投资企业和外国企业所得税法》及其实施细则,及其他相关税法的规定,我国对所得税采取按年计算,分月或者分季预缴,年终再进行清缴的方式征收。所谓所得税"汇算清缴",是指所得税的纳税人以会计数据为基础,将财务会计处理与税收法律法规规定不一致的地方按照税收法律法规的规定进行纳税调整,将会计所得调整为应纳税所得,套用适用税率计算得出年度应纳税额,与年度内已预缴税额相比较后的差额,确定应补或应退税款,并在税法规定的申报期内向税务机关提交会计决算报表和企业所得税年度纳税申报表以及税务机关要求报送的其他资料,经税务机关审核后,办理结清税款手续。企业所得税汇算清缴工作应以企业会计核算为基础,以税收法规为依据。

二、汇算清缴时间

《关于印发企业所得税汇算清缴管理办法的通知》
国税发〔2009〕79 号(摘录)

　　第四条　纳税人应当自纳税年度终了之日起 5 个月内,进行汇算清缴,结清应缴应退企业所得税税款。

　　纳税人在年度中间发生解散、破产、撤销等终止生产经营情形,需进行企业所得税清算的,应在清算前报告主管税务机关,并自实际经营终止之日起 60 日内进行汇算清缴,结清应缴应退企业所得税税款;纳税人有其他情形依法终止纳税义务的,应当自停止生产、经营之日起 60 日内向主管税务机关办理当期企业所得税汇算清缴。

　　第五条　纳税人 12 月份或者第四季度的企业所得税预缴纳税申报,应在纳税年度终了后 15 日内完成,预缴申报后进行当年企业所得税汇算清缴。

　　第九条　纳税人因不可抗力,不能在汇算清缴期内办理企业所得税年度纳税申报或备齐企业所得税年度纳税申报资料的,应按照税收征管法及其实施细则的规定,申请办理延期纳税申报。

　　第十二条　纳税人因有特殊困难,不能在汇算清缴期内补缴企业所得税款的,应按照税收征管法及其实施细则的有关规定,办理申请延期缴纳税款手续。

　　第三条　凡在纳税年度内从事生产,经营(包括试生产试经营)或在纳税年度中间终止经营活动的纳税人,无论是否在减税、免税期间,也无论盈利或亏损,均应按照企业所得税法及其实施条例和本办法的有关规定进行企业所得税汇算清缴。

　　实行核定定额征收企业所得税的纳税人,不进行汇算清缴。

三、汇算清缴资料

《关于印发企业所得税汇算清缴管理办法的通知》

国税发〔2009〕79号（摘录）

第八条 纳税人办理企业所得税年度纳税申报时,应如实填写和报送下列有关资料:

（一）企业所得税年度纳税申报表及其附表;

（二）财务报表;

（三）备案事项相关资料;

（四）总机构及分支机构基本情况、分支机构征税方式、分支机构的预缴税情况;

（五）委托中介机构代理纳税申报的,应出具双方签订的代理合同,并附送中介机构出具的包括纳税调整的项目、原因、依据、计算过程、调整金额等内容的报告;

（六）涉及关联方业务往来的,同时报送《中华人民共和国企业年度关联业务往来报告表》;

（七）主管税务机关要求报送的其他有关资料。

纳税人采用电子方式办理企业所得税年度纳税申报的,应按照有关规定保存有关资料或附报纸质纳税申报资料。

四、汇算清缴对象

汇算清缴的对象有两个:一是实行查账征收的企业;二是实行核定应税所得率的企业。企业无论盈利或亏损,是否在减免期内,均应按规定进行汇算清缴。

实行核定定额征收企业所得税的企业,不进行汇算清缴。

汇算清缴实训

BUSINESS ANNUAL REPORT TRAINING

若有模拟申报系统,可尝试完成江东东方服饰有限公司 2021 年度的汇算清缴申报实操,界面如图 9-1 所示。

图 9-1　界面

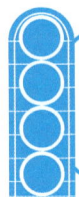

第十部分　拓展训练

Kingdee 金蝶财务软件系统实训

KINGDEE FINANCIAL SOFTWARE SYSTEM TRAINING

可尝试使用财务软件进行全盘账务处理,界面如图 10-1 所示。

图 10-1　界面

票据簿

1-1

费 用 报 销 单

报销部门：行政部　　　　　　　　2021 年 10 月 23 日填　　　　　　　　单据及附件共 1 张

用　　途	金额（元）
代垫对公账户开户费用	54.00
合　计	￥54.00

备注	开户费电汇垫付
部门审核	领导审批　李阳

原借款：　　　　　　元　　退/补：　　　　元

人民币（大写）⊗拾⊗万⊗仟⊗佰伍拾肆元零角零分　　￥54.00

财务主管 方方　　复核 方方　　出纳 李娟　　报销人 陈勇　　领款人 陈勇

票
据
簿

1-2

中国建设银行
China Construction Bank

币别：人民币

业务收费凭证

2021年10月23日

流水号：3206021450789TCX965

账号 36036041247716258466

付款人 江苏东方服饰有限公司

项目名称	工本费	手续费	电子汇划费	金额
对公账户开户		54.00		54.00
金额（大写）伍拾肆元整				RMB54.00

付款方式 | 现金

对公账户开户手续费

会计主管　　　　　　授权　　　　　　复核　　　　　　录入 陈洋

第二联　客户回单

票 据 簿

2-1

中国建设银行 China Construction Bank

中国建设银行单位客户专用回单

（贷方回单）
（收款人回单）

本回单可通过网点自助设备或建行网站校验真伪

流水号：3206021450MZTTCX9RX

2021年10月23日

币别：人民币

付款人	全称	贸勇	收款人	全称	江东东方服饰有限公司
	账号	360314222321001111		账号	3603604124771625846
	开户行	中国建设银行江州市沿江支行		开户行	中国建设银行江州市沿江支行
金额	（大写）人民币叁拾万元整			（小写）￥300,000.00	
凭证种类	电汇转账凭证		凭证号码	000206824811	
结算方式	转账		用途	投资款	

打印柜员：3206045001
打印机构：江州沿江支行
打印卡号：3205025906650018

（中国建设银行 电子回单专用章）

交易柜员：3200001450D36

交易机构：320001450

打印时间：2021-10-23

票据簿

3-1

中国建设银行
China Construction Bank

中国建设银行单位客户专用回单

币别：人民币

2021年10月23日

流水号：32060214500PLKJUIOMN

付款人	全 称	江东东方服饰有限公司		收款人	全 称		（借方回单）
	账 号	36036041247716258466			账 号		
	开户行	中国建设银行汀州市沿汀支行			开户行		（付款人回单）
金 额		（大写）人民币伍仟元整					（小写）￥5,000.00
凭证种类		电汇转账凭证		凭证号码		85432145896	
结算方式		转账		用 途	备用金		

（中国建设银行 电子回单专用章）

打印柜员：32066045001
打印机构：汀州沿汀支行
打印卡号：3205025906650018

交易机构：320001450

交易柜员：32000145D36

打印时间：2021-10-23

票据簿

3-2

中国建设银行
China Construction Bank

币别:人民币　　　　　　**单位结算卡业务凭证**

2021年10月23日　　　　流水号:3206021450PLKJUIOMN

付款人	全称	江东东方服饰有限公司		收款人	全称	
账号	3603604124771625846			账号	
开户行	中国建设银行江州市沿江支行			开户行	
金额	(大写)人民币伍仟元整		用途		(小写)¥5,000.00
结算方式	取款		支付密码		
凭证种类			备注:		
签字:	李娟		组件流水号:3206151390856962222		

用户填写:请在相应业务种类前打"√"

□现金存入:账(卡)号 _____
□转账、汇兑:收款人全称 _____
收款人账(卡)号 _____
收款人开户银行 _____

金额(大写) _____　　(小写) _____

□卡内转账:付款账(卡)号 _____□序号 □账(卡)号 _____
付款账户全称 _____
付款账户□序号 □账(卡)号 _____
收款账户全称 _____
用途: _____

主管:　　　授权:320001450　　　复核:　　　经办:陈婷

（贷方　回单）

[印章: 中国建设银行股份有限公司 江州市沿江支行 银行盖章 业务专用章 734176MYVWWS]

票 据 簿

4-1

付 款 申 请 单

2021 年 10 月 26 日填

申请部门：行政部

收款单位	贺勇		
银行账号	36031422213210011111		
开 户 行	中国建设银行江州市沿江支行		付款原因
付款方式	转账		归还垫付款
付款截止日			
人民币（大写）	⊗佰⊗拾⊗万⊗仟⊗佰伍拾肆元零角零分		￥ 54.00

领导审批　贺勇　　　财务主管　方芳　　　部门主管　李阳　　　经办人　李娟

票据簿

票据簿

4-2

中国建设银行
China Construction Bank

中国建设银行单位客户专用回单

（借方回单）

（付款人回单）

流水号：3206021450TGHBVFRTG

币别：人民币　　　　　　　　　　2021年10月26日

	全称	江苏东方服饰有限公司		全称	贺勇
付款人	账号	36036041247716258466	收款人	账号	36031422132100111111
	开户行	中国建设银行江州市沿江支行		开户行	中国建设银行江州市沿江支行
金额	（大写）人民币伍拾肆元整			（小写）￥54.00	
凭证种类	电汇转账凭证		凭证号码	458962145874	
结算方式	转账		用途	归还垫付款	

打印时间：2021-10-26

打印柜员：32066045001
打印机构：江州沿江支行
打印卡号：3205025906650018

交易柜员：32000145D36　　　　　　　交易机构：320001450

中国建设银行
电子回单
专用章

票
据
簿

票据簿

5-1

费 用 报 销 单

报销部门：行政部   2021 年 10 月 28 日填   单据及附件共 1 张

用 途	金额（元）	备 注	支付宽带费
宽带费	500.00	部门审核	李阳
合 计	¥ 500.00	原借款： 元	领 号 李阳 审 批 贺勇 退/补： 元

人民币 (大写) ⊗拾⊗万⊗仟伍佰零拾零元零角零分

现金付讫

财务主管 方方   复核 方方   出纳 李娟   报销人 徐小霞   领款人 徐小霞

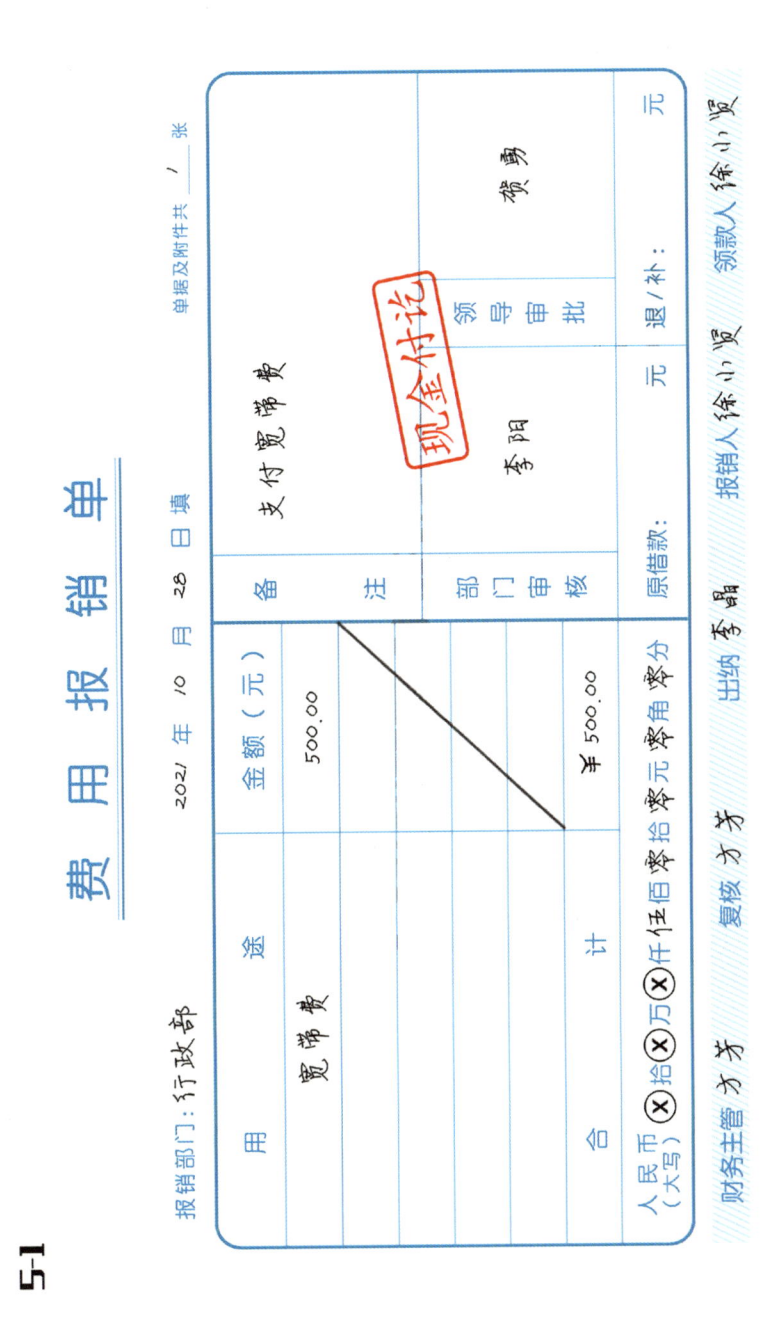

票据簿

江东增值税电子普通发票

5-2

机器编号：49909960269

发票代码：03200200011
发票号码：4494204
开票日期：2021年10月28日
校验码：0414011955 21145 03819

购买方	名 称：江东东方服饰有限公司 纳税人识别号：91370282607784659L 地 址、电 话：江州市沿江东路88号 0377-6780555 开户行及账号：中国建设银行江州市沿江支行 360360412477162584466

密码区	075827+3896597>5+68*1<>2/768 -028/05>12*7152-<5/-8*65/3/< 7817474-90*26/9730683480+10 6>3/03+721854+148/108+3>4<48

货物或应税劳务、服务名称	规格型号	单位	数量	单 价	金 额	税率	税 额
*电信服务*电信服务费		项	1	500.00	500.00	*	*
合 计					¥ 500.00		*

价税合计（大写）　⊗ 伍佰元整　　　（小写）¥ 500.00

销售方	名 称：江州市移动通讯有限公司 纳税人识别号：91370121745332279YB 地 址、电 话：江州市人东路49号 0377-6666000 开户行及账号：中国建设银行江州市人民支行 36011122245411330011

备注	

收款人：范春哲　　　复核：戚豆豆　　　开票人：范若若　　　销售方：（章）

票据簿

6-1

费 用 报 销 单

报销部门：行政部　　　　　　2021 年 10 月 29 日填　　　　　单据及附件共 1 张

用　　途	金额（元）	备　　注
购买办公文具	248.00	打印纸、装订机等
合　　计	¥ 248.00	部门审核　李娟

人民币
（大写） ⊗拾⊗万⊗仟贰佰肆拾捌元零角零分

原借款：　　　　　元　　　　退／补：　　　　元

领导审批　颂勇

现金付讫

财务主管 方芳　　复核 方芳　　出纳 李娟　　报销人 颂勇　　领款人 颂勇

票据簿

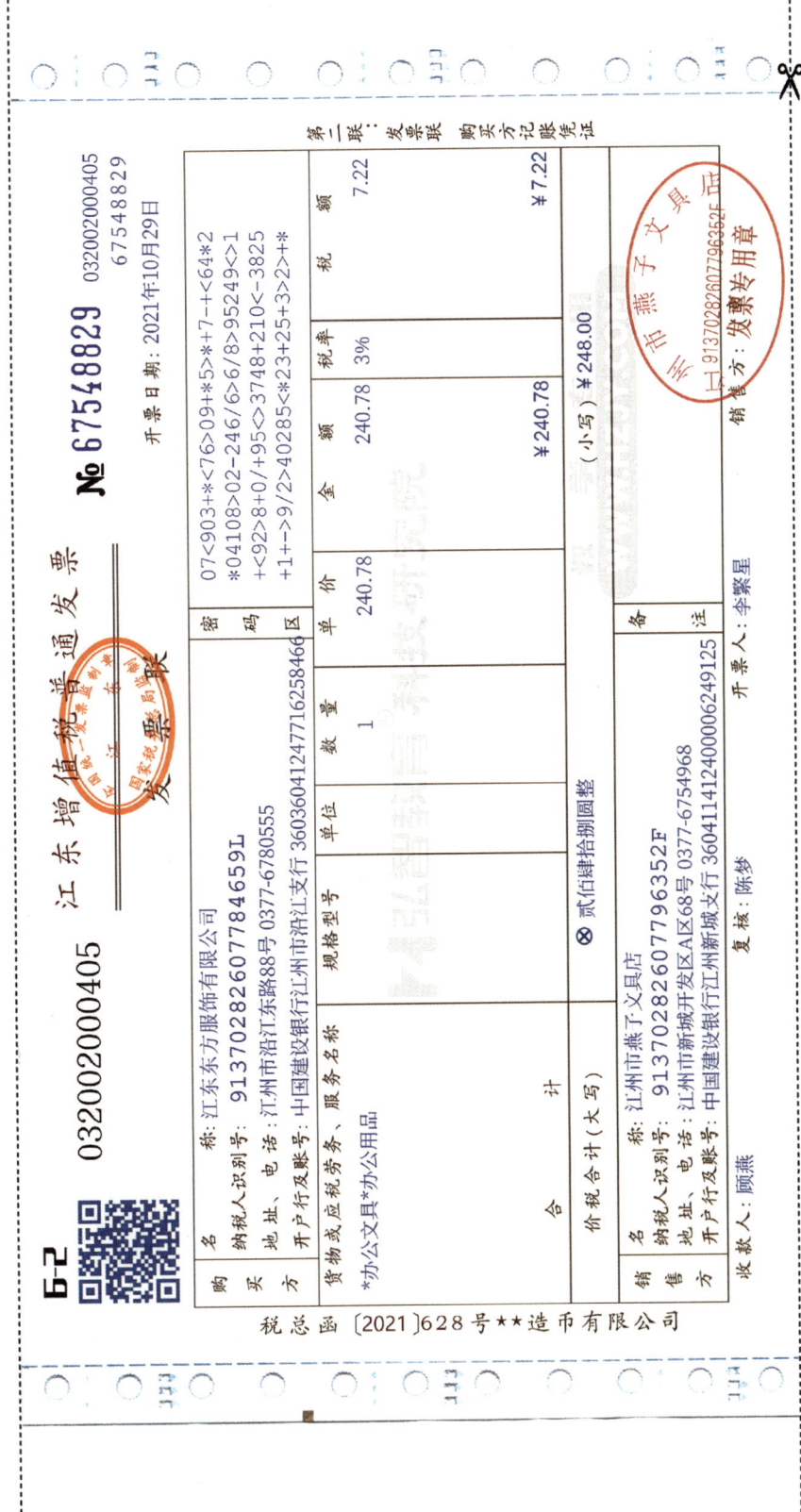

6-2

03002000000405

江东增值税普通发票

№ 67548829

03002000000405
67548829

开票日期：2021年10月29日

购买方	名 称：江东东方服饰有限公司
	纳税人识别号：91370282607784659L
	地 址、电 话：江州市沿江东路88号 0377-6780555
	开户行及账号：中国建设银行江州市沿江支行 36036041247716258466

密码区

07<903>+*<76>09+*5>*+7-+<64*2
*04108>02-246/6>6/8>95249<>1
+<92>8+0/+95<>3748+210<-3825
+1+=>9/2>40285<*23+25+3>2>+*

货物或应税劳务、服务名称	规格型号	单位	数量	单价	金额	税率	税额
*办公文具*办公用品			1	240.78	240.78	3%	7.22
合　　计					¥240.78		¥7.22

价税合计（大写）　⊗ 贰佰肆拾捌圆整　（小写）¥248.00

销售方	名 称：江州市燕子文具店
	纳税人识别号：91370282607796352F
	地 址、电 话：江州市新城开发区A区68号 0377-6754968
	开户行及账号：中国建设银行江州新城支行 36041141240000624912S

备注

收款人：顾燕　　复核：陈梦　　开票人：李繁星

销售方：（发票专用章）

税总函〔2021〕628号**造币有限公司

第二联 发票联 购买方记账凭证

票据簿

7-1

付 款 申 请 单

申请部门：行政部　　　　　　2021 年 10 月 29 日 填

收款单位	江州莱豪商贸有限公司	付款原因	购买办公桌椅、文件柜、保险柜
银行账号	36011111124000001211		
开 户 行	中国建设银行江州市解放支行		
付款方式	转账		
付款截止日			
人民币（大写）	⊗佰⊗拾⊗万肆仟贰佰⊗拾肆元⊗角⊗分	￥	4284.80

领导审批　颜勇　　财务主管　方方　　部门主管　李阳　　经办人　徐小慧

票据簿

7-2

江东东方服饰有限公司固定资产验收入库单

№.1601001

交来单位：行政部　　　　　　2021 年 10 月 29 日

商品名称	规格	单位	应收数量	实收数量	单价	金额	备注
办公桌椅		套	6	6		2472.00	行政部门使用
文件柜		个	2	2		576.80	行政部门使用
保险柜		个	1	1		1236.00	财务部门使用
合计						￥4284.80	

部门经理：张静　　会计：方芳　　仓管主管：雷德锦　　经办人：徐小贤

票据簿

7-3

0320002000211

江东增值税普通发票

№ 67548821

0320002000211
67548821

开票日期：2021年10月29日

购买方	名　称：	江东东方服饰有限公司
	纳税人识别号：	91370282607784659L
	地　址、电话：	江州市沿江东路88号 0377-6780555
	开户行及账号：	中国建设银行江州市沿江支行 36036041247716258466

密码区：
>/150+138+>838-7869879&<54-+
<+<7</+45802*683/3*-04*-*>*9
+82780*0814/037<525/45*181<>
5/*626<245853+<06969-+<0294

货物或应税劳务、服务名称	规格型号	单位	数量	单价	金额	税率	税额
*家具*办公桌椅		套	6	400.00	2400.00	3%	72.00
*家具*文件柜		个	2	280.00	560.00	3%	16.80
*家具*保险柜		个	1	1200.00	1200.00	3%	36.00
合　计					￥4160.00		￥124.80

价税合计（大写）　⊗肆仟贰佰捌拾肆圆捌角　　（小写）￥4284.80

销售方	名　称：	江州莱豪商贸有限公司
	纳税人识别号：	91370558115M4423F
	地　址、电话：	江州市解放西路51号 0377-6777011
	开户行及账号：	中国建设银行江州市解放支行 36011112400000001211

备注：李韩

收款人：韩梅梅　　　复核：李雷　　　开票人：李雷

税总函 〔2021〕619号 ★★造币有限公司

票据簿

7-4

中国建设银行 China Construction Bank

中国建设银行单位客户专用回单

币别：人民币　　　　2021年10月29日　　　　流水号：3206021450HBNMJWAER

付款人	全　称	江东东方服饰有限公司	收款人	全　称	江州莱豪商贸有限公司
	账　号	3603604124771625846 6		账　号	360111124000001211
	开户行	中国建设银行江州市沿江支行		开户行	中国建设银行江州市解放支行
金　额	（大写）人民币肆仟贰佰捌拾肆元捌角整			（小写）￥4,284.80	
凭证种类	电汇转账凭证		凭证号码	478236582145	
结算方式	转账		用　途	货款	

（借方回单）

（付款人回单）

中国建设银行 电子回单专用章

打印柜员：32066045001
打印机构：江州沿江支行
打印卡号：320502590665 0018

交易机构：320001450

交易柜员：32000 1450D36

打印时间：2021-10-29

票
据
簿

B-1

付 款 申 请 单

申请部门：行政部　　　　　2021 年 10 月 29 日 填

收款单位	江州创展电子科技有限公司
银行账号	36000213241115364447
开户行	中国建设银行江州市解放支行
付款方式	转账
付款截止日	

付款原因	购买电脑、打印机

人民币
（大写）　⊗佰⊗拾壹万陆仟肆佰玖拾捌元零角零分　￥16498.00

领导审批　徐勇　　财务主管 方方　　部门主管 李阳　　经办人 徐小燕

票据簿

B-2

江东东方服饰有限公司固定资产验收入库单

交来单位：行政部

2021 年 10 月 29 日

№ 1601002

商品名称	规格	单位	应收数量	实收数量	单价	金额	备注
电脑		台	3	3		14235.00	行政部门使用
打印机		台	1	1		2260.00	行政部门使用
合计						￥16498.00	

部门经理：徐静　　合计：方芳　　仓管主管：鲁俊锋　　经办人：徐小夏

第三联　财务联

票据簿

8-3

032002000455

江东增值税普通发票

№ 78452651

032002000455
78452651

开票日期：2021年10月29日

购买方	名　　　称：江东东方服饰有限公司
	纳税人识别号：91370282607784659L
	地　　　址、电　话：江州市沿江东路88号 0377-6780555
	开户行及账号：中国建设银行江州市沿江支行360360412477162584666

密码区

0-90/*46>+*-<2>71703746/+07>
767/378>3*63-454>43-046+/703
405940S<719597*>2+*<<</+4061
63+7162703<2<13/6+024+0295<

货物或应税劳务、服务名称	规格型号	单位	数量	单　价	金　额	税率	税　额
*计算机配套产品*电脑	联想A2600	台	3	4200.00	12600.00	13%	1638.00
*计算机配套产品*打印机	II6300	台	1	2000.00	2000.00	13%	260.00
合　　计					¥14600.00		¥1898.00

价税合计（大写）　⊗壹万陆仟肆佰玖拾捌圆整　　（小写）¥16498.00

销售方	名　　　称：江州创展电子科技有限公司	备注
	纳税人识别号：91370432859117395B	
	地　址、电　话：江州市解放东路55号 0377-6666111	
	开户行及账号：中国建设银行江州市解放支行 36000213241115364447	

收款人：王哈利　　复核：傅台恩　　开票人：周梯敏

第二联 发票联 购买方记账凭证

江州创展电子科技有限公司
91370432859117395B
发票专用章

税总函〔2021〕619号★★造币有限公司

票据簿

B-4

中国建设银行 China Construction Bank

中国建设银行单位客户专用回单

币别：人民币　　　　　　2021年10月29日　　　　　　流水号：3206021450WASDYUHNV

付款人	全称	江东东方服饰有限公司	收款人	全称	江州创展电子科技有限公司
	账号	36036041247716258466		账号	36000213241115364 47
	开户行	中国建设银行江州市沿江支行		开户行	中国建设银行江州市解放支行
金额	（大写）人民币壹万陆仟肆佰玖拾捌圆整				（小写）￥16,498.00
凭证种类	电汇转账凭证			凭证号码	74521458 9632
结算方式	转账			用途	货款

打印柜员：32066045001
打印机构：江州沿江支行
打印卡号：32050259066650018

交易柜员：32000 1450D36　　　　交易机构：320001450

打印时间：2021-10-29

票据簿

9-1

付 款 申 请 单

申请部门：行政部　　　　2021 年 10 月 30 日填

收款单位	赵磊	付款原因	
银行账号	3601002232138882228335		支付房租、押金
开户行	中国建设银行江州市乐园支行		
付款方式	转账		
付款截止日			
人民币（大写）	⊗佰⊗拾叁万陆仟零佰零拾零元零角零分		￥36000.00

领导审批 颁勇　　财务主管 方方　　部门主管 李阳　　经办人 徐小露

票据簿

9-2

收　据　No.3948561

2021 年 10 月 30 日

今 收 到　江苏东方服饰有限公司

交　来：　房屋押金

人 民 币　Ⓧ 佰 Ⓧ 拾 Ⓧ 万 陆 仟 零 佰 零 拾 零 元 零 角 零 分
（大写）

收 款 单 位　赵云名　　　　¥ 6000.00
（盖章）

① 存根（白）	② 收据（红）	③ 记账（黄）

☑ 转账　□ 现金
□ 支票　□ 其他

经办 赵云名

财 务 主 管　　　记账　　　出纳　　　审核

票
据
簿

票据簿

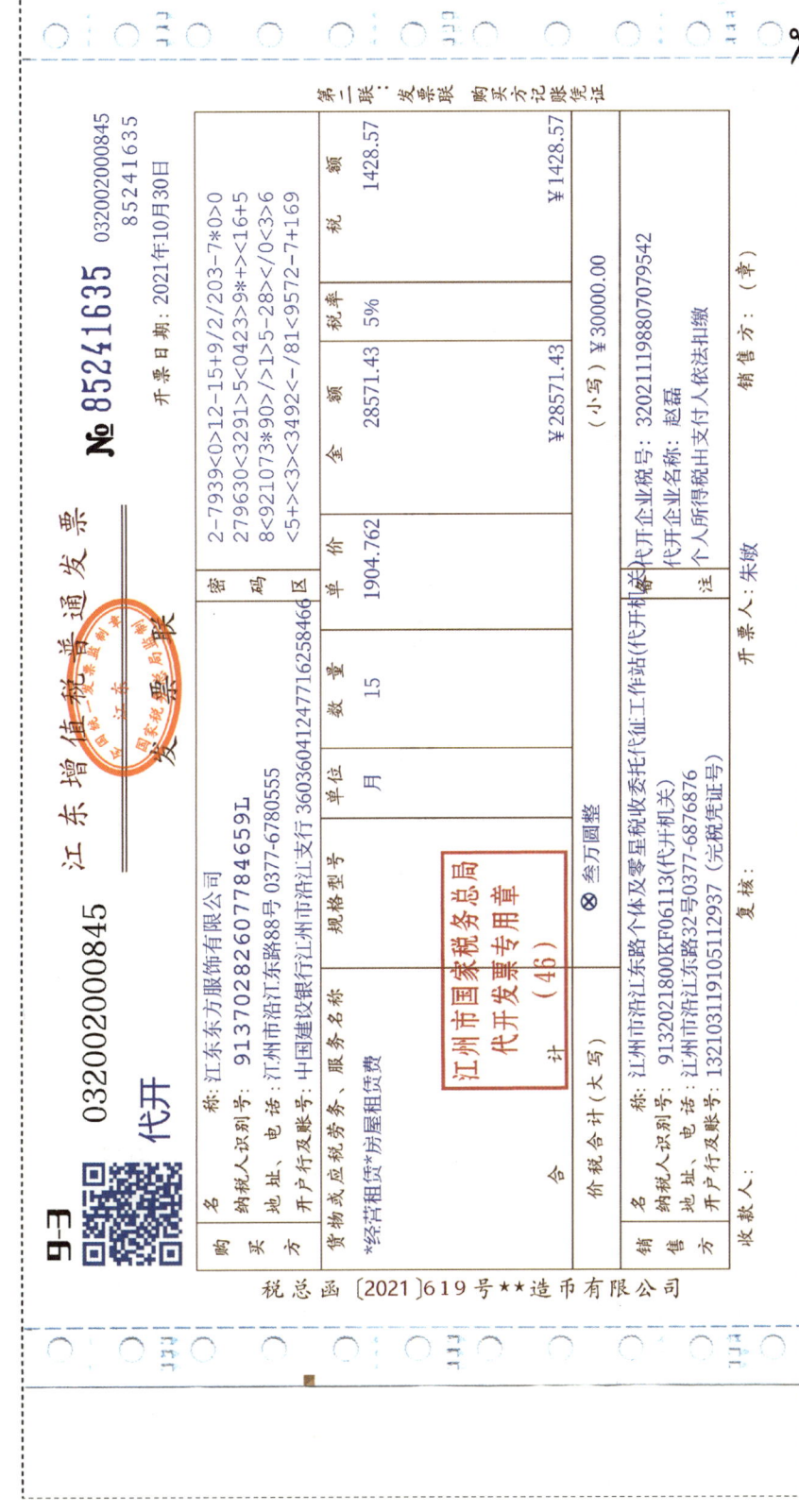

票据簿

9-4

中国建设银行 China Construction Bank

中国建设银行单位客户专用回单

币别：人民币　　　　　　　　2021年10月30日　　　　　　　　流水号：3206021450TYGH12GHY

付款人	全　称	江苏东方服饰有限公司	收款人	全　称	赵磊
	账　号	3603604124771625846		账　号	3601002321388822835
	开户行	中国建设银行江州市沿江支行		开户行	中国建设银行江州市乐网支行
金　额		(大写)人民币叁万陆仟元整			(小写)￥36,000.00
凭证种类		电汇转账凭证	凭证号码		123452148673
结算方式		转账	用　途		房屋出租款

打印柜员：32066045001
打印机构：江州沿江支行
打印卡号：3205025906650018

（借方回单）

（付款人回单）

中国建设银行
电子回单
专用章

本回单可通过网点自助设备或建行网站校验真伪

交易柜员：32000145OD36　　　　　　　交易机构：320001450

打印时间：2021-10-30

票
据
簿

9-5

租赁合同

甲方：赵磊

乙方：江东东方服饰有限公司

根据国家有关法律、法规和本市有关规定，甲、乙双方在自愿、平等、互利的基础上，就甲方将其合法拥有的房屋出租给乙方使用，乙方承租使用甲方房屋的事宜，订立本合同。

一、甲方的房屋概况

1. 甲方将其合法拥有的坐落在本市＿＿＿＿沿江东路88号＿＿＿＿的房屋，出租给乙方使用。

2. 甲方出租给乙方使用的该房屋建筑面积共＿130＿平方米。

二、租赁用途

乙方向甲方承诺，租赁该房屋仅作为＿＿办公＿＿使用，不得作其他用途。

三、租赁期限

1. 该房屋的租赁期限为＿15＿个月。自 2021 年 10 月 1 日起 至 2022 年 12 月 31 日止。

2. 租赁期满，甲方有权收回出租的房屋，乙方应如期交还。乙方如要求续租，则必须在租赁期满前的＿1＿个月向甲方提出书面申请，双方可在对租金、期限重新协商后，签订新的租赁合同。

四、租金及支付方式

1. 该房屋的月租金为＿贰仟＿元整。

2. 双方议定一次性支付＿15＿个月房租，另付＿6000.00＿元押金。甲方在收到乙方款项后开具租金发票及押金收据。

五、甲方义务

1. 甲方需要按时将房屋及附属设施交付乙方使用。

2. 房屋及附属设施如非乙方的过失或错误使用而受到损坏的，甲方有修缮的责任并承担相关费用。

3. 甲方应保证所出租的房屋权属清楚，无使用纠纷。

六、乙方义务

1. 乙方在租赁期内保证该租赁房屋内所有活动均能符合中国的法律法规及该地点的管理规定，不作任何违法行为。

2. 乙方应当按照合同约定，按时支付租金及其他费用。

3. 未经甲方同意，乙方不得改变租赁房屋的结构、装修。

甲方：（公章）　　　　　　　　　　　　乙方：（公章）

法人代表盖章：赵磊　　　　　　　　　　法人代表盖章：贺勇

日期：2021 年 10 月 01 日　　　　　　　日期：2021 年 10 月 01 日

票据簿

ID-1

中国建设银行
China Construction Bank

中国建设银行单位客户专用回单

币别：人民币　　　　　　2021年10月30日　　　账号：36036041247716258466　　　流水号：3206021450TGH567RTY

户名：江东东方服饰有限公司		
项目名称	工本费/手续费/电子划费	金额
对公人民币转账、汇款-对公资金划转本行同城	15.00	￥15.00
合计金额	（大写）人民币壹拾伍元整	￥15.00

付款方式：转账
业务类型：企业网银结算费

打印柜员：32066045001
打印机构：江州沿江支行
打印卡号：32050259066650018

交易柜员：320001450D36　　　　　　　　　　　交易机构：320001450

打印时间：2021-10-30

票据簿

11-1

租金管理摊销表

所属期限：2021年10月

单位：元

项目	金额	摊销期间	摊销期（月）	月摊销额	累计摊销额	剩余摊销金额
房租	30,000.00	2021.10-2022.12	15	2,000.00	2,000.00	28,000.00

制单：方芳

票据簿

当期损益计算表

12-1

年　月　日　　　　　　　　　　单位：元

收入类科目	本月发生额	费用类科目	本月发生额
主营业务收入		主营业务成本	
其他业务收入		其他业务成本	
营业外收入		税金及附加	
投资收益		管理费用	
		销售费用	
		财务费用	
		资产减值损失	
		营业外支出	
合　计		合　计	
当期损益（利润为正，亏损为负）			

制单：

票据簿

13-1

中国建设银行股份有限公司活期存款明细账

币别: 人民币

账户名称: 江东方服饰有限公司

账号: 36036041247716258466

日期: 20211001至20211031

第1页

日期	凭证种类	凭证号码	摘要	对方户名	发生额		借贷	余额	交易流水号
					借方	贷方			
20211023	电子转账凭证	00020682481	投资款	贺勇		300,000.00	贷	300,000.00	320602145OMZTTCY9RX
20211023	电子转账凭证	85453214589	备用金	贺勇	5,000.00		贷	295,000.00	320602145OPLKJU1OMX
20211026	电子转账凭证	45896214587	归还代垫款	江州家商贸有限公司	54.00		贷	294,946.00	320602145OTGHBVFRTG
20211029	电子转账凭证	47823654821	贷款	江州创盾电子科技有限公司	4,284.80		贷	290,661.20	320602145OHBNMJWAER
20211029	电子转账凭证	74521458963	贷款	赵磊	16,498.00		贷	274,163.20	320602145OWASDVUHXV
20211030	电子转账凭证	12345214867	房屋出租款		36,000.00		贷	238,163.20	320602145OTYGHI2GHY
20211030	电子转账凭证		手续费		15.00		贷	238,148.20	320602145OTGH567RTY

打印时间: 2021-11-01 14:23:47

打印机构: 建设银行江州沿江支行

打印柜员: 320616036AJ4

打印卡号: 32050259066500018

票据簿

14-1

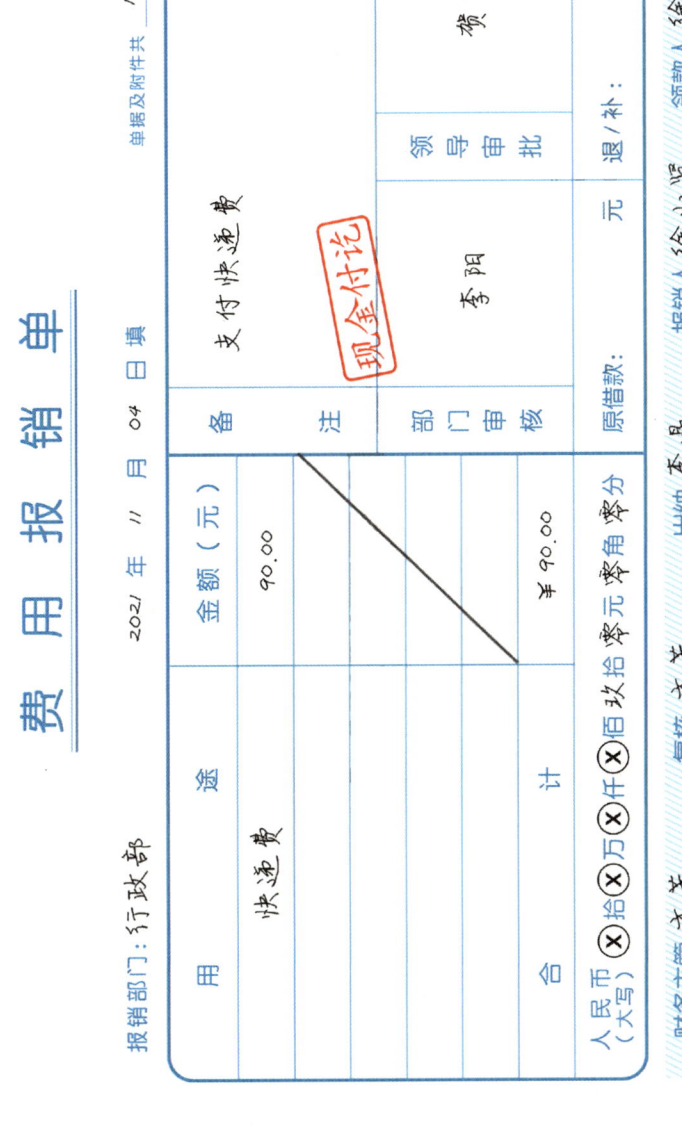

费 用 报 销 单

报销部门：行政部　　2021 年 11 月 04 日填　　单据及附件共 1 张

用　途	金额（元）	备注	
快递费	90.00	支付快递费	
			现金付讫
合　计	￥90.00	部门审核	领导审批
			徐勇
			李阳

人民币（大写）○拾○万○仟○佰玖拾零元零角零分

原借款：　　　元　　退/补：　　　元

财务主管 方芳　　复核 方芳　　出纳 李晶　　报销人徐小贤　　领款人徐小贤

票据簿

14-2

机器编号：49909608512

江东增值税电子普通发票

发票代码：0320002000333
发票号码：44942589
开票日期：2021年11月04日
校 验 码：0414011955 2114589563

购买方	名　称：江东东方服饰有限公司
	纳税人识别号：91370282607784659L
	地　址、电　话：江州市沿江东路88号 0377-6780555
	开户行及账号：中国建设银行江州市沿江支行 360604124771625846

密码区	8527686*+697*1-76+9017-92/>6 >15<-54<452>9>843-1<06/+378+4 /*<*2+40734584-406-+<6-+523< 4*7+29*3+2*0/*01/923+86/28*3

货物或应税劳务、服务名称	规格型号	单位	数量	单 价	金 额	税率	税 额
*物流辅助服务*收派服务费		次	1	84.91	84.91	6%	5.09
合　　计					￥84.91		￥5.09

价税合计（大写）　⊗ 玖拾圆整　　　（小写）￥90.00

销售方	名　称：江州市顺丰速运有限公司
	纳税人识别号：91370121745338556HU
	地　址、电　话：江州市解放东路49号 0377-6685412
	开户行及账号：中国建设银行江州市解放支行 360111222454411452369

备注

收款人：范一一　　复核：张云　　开票人：杨不梅　　销售方：（章）

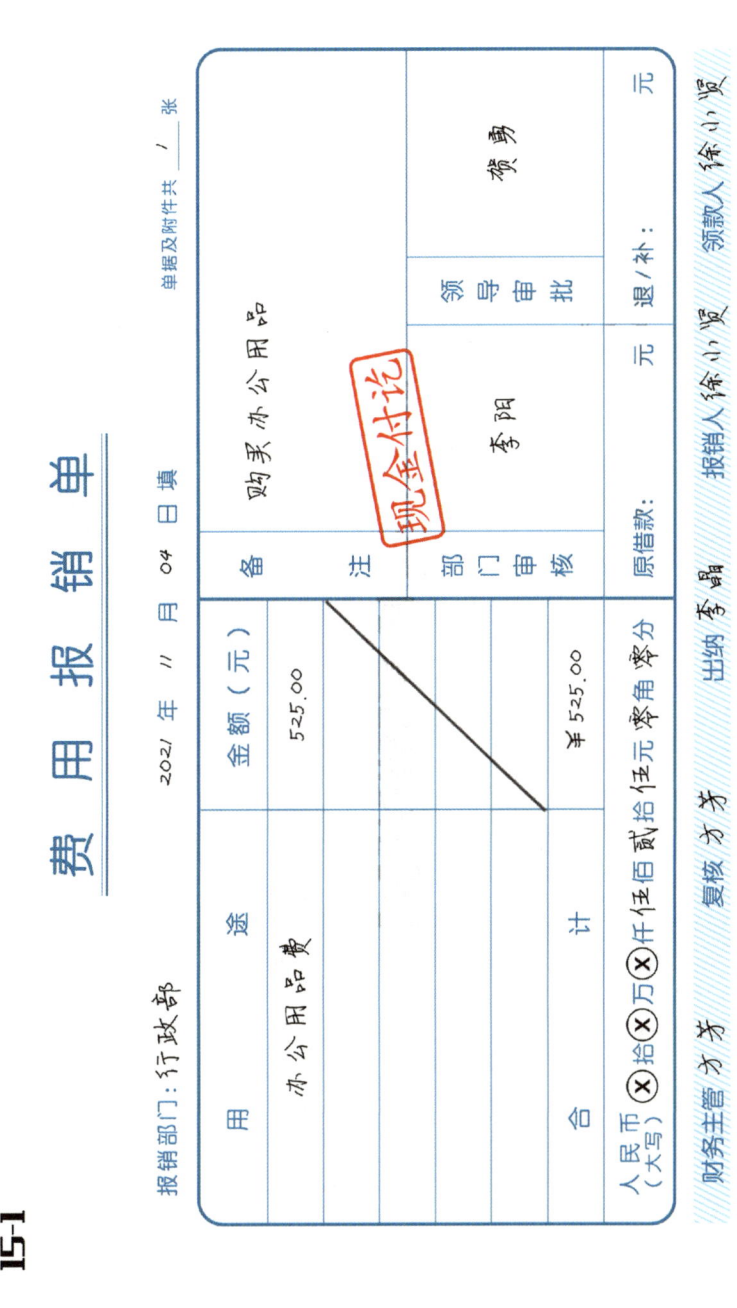
15-1

费 用 报 销 单

报销部门：行政部

2021 年 11 月 04 日填

单据及附件共 ____ 张

用 途	金 额（元）
办公用品费	525.00
合 计	￥525.00

人民币
（大写） ⊗拾⊗万⊗仟伍佰贰拾伍元零角零分

备注　购买办公用品

部门审核　李阳　　现金付讫

原借款：　　　　元　　退/补：　　　　元

领导审批　张勇

报销人徐小霞　　领款人徐小霞

财务主管 方芳　　复核 方芳　　出纳 李娟

票
据
簿

15-2

032002000412

江东增值税普通发票

№ **7895412**

032002000412
7895412

开票日期：2021年11月04日

032002000412

购买方	名　　称：江东东方服饰有限公司 纳税人识别号：91370282607784659L 地址、电话：江州市沿江东路88号0377-6780555 开户行及账号：中国建设银行江州市沿江支行360360412477116258466

密码区：
037+<9094/>93/*38<2*6->*8<5
41984>1*0916103-5/2-+4+*>+5+
1563<02+5>4502805*/-93<06+10
*<6/+978/*84-*283/-*25<5+/-5

货物或应税劳务、服务名称	规格型号	单位	数量	单价	金额	税率	税额
（洋见销货清单）		批			510.00	3%	15.30
合　　计					￥510.00		￥15.30

价税合计（大写）　⊗ 伍佰贰拾伍圆叁角整　　（小写）￥525.30

销售方	名　　称：江州庐阳文具有限公司 纳税人识别号：91370421798562222A 地址、电话：江州市河海东路10号0377-6131313 开户行及账号：中国建设银行江州市河海支行360545236852000000000

备注

收款人：李忠　　复核：吴佩　　开票人：白起

第二联 发票联 购买方记账凭证

税总函〔2021〕619号★★造币有限公司

票
据
簿

15-3

销售货物或者提供应税劳务清单、服务清单

购买方名称：江东东方服饰有限公司

销货方名称：江州庐阳文具有限公司

所属增值税普通发票代码：032002000412 号码：78956412　　　共 1 页 第 1 页

序号	货物（劳务）名称	规格型号	单位	数　量	单　价	金　额	税率	税　额
1	A4纸		袋	10.00	15.00	150.00	3%	4.50
2	中性笔		盒	8.00	8.75	70.00	3%	2.10
3	直尺		把	8.00	5.00	40.00	3%	1.20
4	剪刀		把	8.00	5.00	40.00	3%	1.20
5	胶水		盒	5.00	6.00	30.00	3%	0.90
6	笔筒		个	6.00	10.00	60.00	3%	1.80
7	铅笔		盒	5.00	6.00	30.00	3%	0.90
8	胶带		卷	3.00	10.00	30.00	3%	0.90
9	橡皮		盒	4.00	15.00	60.00	3%	1.80
小计						510.00		15.30
总计						510.00		15.30
备注								

销货方（章）：　　　　　　　　　　　　　　开票日期：2021年11月04日

票据簿

16-1

中国建设银行
China Construction Bank

单位结算卡业务凭证

流水号：3206021450TYASUI90P

币别：人民币　　　　　　　　　2021年11月05日

付款人	全　称	江东东方服饰有限公司
	账　号	36036041247716258466
	开户行	中国建设银行江州市沿江支行

| 金　额 | （大写）人民币伍仟元整 | （小写）¥ 5,000.00 |

结算方式：取款

凭证种类：

签字：　李娟

用户填写：请在相应业务种类前打"√"
　□现金存入：账（卡）号
　□转账、汇兑：收款人全称
　　　　　收款人账（卡）号
　　　　　收款人开户银行

金额（大写）：　　　　　　　　　　　　（小写）

主管：　　　　　　　　复核：　　　　　　授权：3200001450

贷方回单

收款人	全　称	
	账　号	
	开户行	

用　途：

支付密码：

备注：

组件流水号：32061513908569622222

　□卡内转账：付款账户□序号□账（卡）号
　　　　　付款账户全称
　　　　　付款账户□序号□账（卡）号
　　　　　收款账户□序号□账（卡）号
　　　　　收款账户全称

用途：

经办：陈婷

・159・

票据簿

16-2

中国建设银行
China Construction Bank

中国建设银行单位客户专用回单

流水号：3206021450TYASUI90P

币别：人民币

2021年11月05日

付款人	全 称	江东东方服饰有限公司		收款人	全 称	
	账 号	36036041247716258466			账 号	
	开户行	中国建设银行汀州市沿汀支行			开户行	
	金 额	(大写)人民币伍仟元整				(小写)￥5,000.00
	凭证种类			凭证号码		45836595123 6
	结算方式	取款		用 途		备用金

本回单可通过网点自助设备或建行网站校验真伪

（借方回单）

（付款人回单）

中国建设银行
电子回单
专用章

打印柜员：32066045001
打印机构：汀州沿汀支行
打印卡号：32050259066650018

交易机构：320001450

打印时间：2021-11-05

交易柜员：32000l450D36

票据簿

17-1

江东东方服饰有限公司入库单

交来单位：江苏中胜贸易有限公司　　2021 年 11 月 8 日　　№.1601001

商品名称	规格	单位	应收数量	实收数量	单价	金额	备注
男式运动服套装		套	200	200	206.00	41200.00	
女式运动服套装		套	200	200	185.40	37080.00	
合计						￥78280.00	

部门经理：张静　　会计：方芳　　仓管主管：李洁　　经办人：曾德锦

第三联　财务联

票据簿

17-2

江东增值税普通发票 № 95236874

0320002000616

0320002000616
95236874

开票日期：2021年11月08日

密码区

0-01/26+52<5*67<-3+24+905-6<
1<12/*45921-7>5/45<3-7175/9<
79/9/1932478/02101*1*-9>18*
562><3-3>+68*92-5614<->52

第二联 发票联 购买方记账凭证

购买方	名　称：江东东方服饰有限公司
	纳税人识别号：91370282607784659L
	地　址、电　话：江州市沿江东路88号 0377-6780555
	开户行及账号：中国建设银行江州市沿江支行 36036041247716258466

货物或应税劳务、服务名称	规格型号	单位	数量	单价	金额	税率	税额
*服装*男式运动服套装		套	200	200.00	40000.00	3%	1200.00
*服装*女式运动服套装		套	200	180.00	36000.00	3%	1080.00
合　计					￥76000.00		￥2280.00

价税合计（大写）　⊗柒万捌仟贰佰捌拾圆整　　（小写）￥78280.00

销售方	名　称：江东中胜贸易有限公司	备注
	纳税人识别号：91370421AL562123S	
	地　址、电　话：江州市河海东路21号 0377-6177722	
	开户行及账号：中国建设银行江州市河海支行 36011235001410005775	

收款人：张超　　复核：吴迪　　开票人：吴迪　　销售方：（章）

税总函〔2021〕619号 ** 造币有限公司

票据簿

1B-1

付 款 申 请 单

申请部门：采购部　　　　2021 年 11 月 08 日填

收款单位	江州喜悦服饰有限公司	付款原因	货款
银行账号	360202150000000077745		
开户行	中国建设银行江州市河海支行		
付款方式	转账		
付款截止日			

人民币（大写）（X）佰壹拾贰万伍仟肆佰叁拾零元零角零分 ￥125430.00

领导审批 徐勇　　财务主管 方方　　部门主管 张静　　经办人 闵斌

1B-2

江东东方服饰有限公司入库单

交来单位：江州喜悦服饰有限公司　　2021 年 11 月 08 日

№.1601002

商品名称	规格	单位	应收数量	实收数量	单价	金额	备注
男式运动服毛衣		套	300	300	220.35	66105.00	
女式运动服毛衣		套	300	300	197.75	59325.00	
合计						共 125430.00 元	

部门经理：张静　　会计：方芳　　仓管主管：季浩　　经办人：邓德锦

票
据
簿

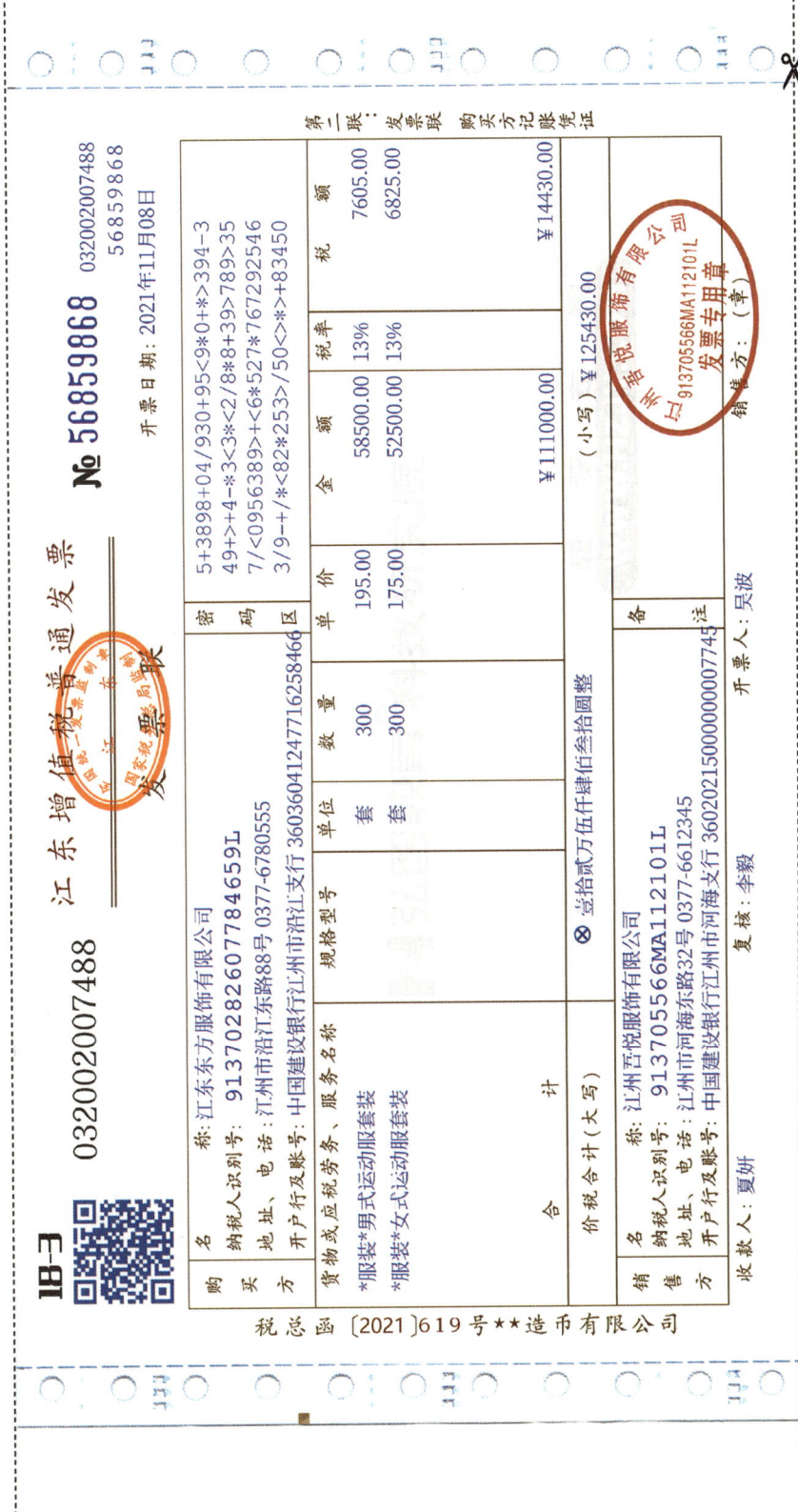

1B-3

江东增值税普通发票

No 56859868

0320020007488

03200200748
56859868

税总函〔2021〕619号 ★★造币有限公司

开票日期：2021年11月08日

购买方	名　　　称：江东东方服饰有限公司 纳税人识别号：91370282607784659L 地　　　址、电　话：江州市沿江东路88号 0377-6780555 开户行及账号：中国建设银行江州市沿江支行 3603604124771625846

密码区

5+3898+04/930+95<9*0+*>394-3
49+>+4-*3<3<*2/8*8+39>789>35
7/<0956389>+<6*527*767292546
3/9-+/*<82*253>/50<>*+83450

货物或应税劳务、服务名称	规格型号	单位	数量	单价	金额	税率	税额
*服装*男式运动服套装		套	300	195.00	58500.00	13%	7605.00
*服装*女式运动服套装		套	300	175.00	52500.00	13%	6825.00
合　计					￥111000.00		￥14430.00

价税合计（大写）　⊗壹拾贰万伍仟肆佰叁拾圆整　　（小写）￥125430.00

销售方	名　　　称：江州芮悦服饰有限公司 纳税人识别号：91370556MA112101L 地　　　址、电　话：江州市河海东路32号 0377-6612345 开户行及账号：中国建设银行江州市河海支行 36020215000000007745

备注

芮悦服饰有限公司
91370556MA112101L
发票专用章

收款人：吴妍　　复核：李毅　　开票人：吴波　　销售方：（章）

1B-4

中国建设银行
China Construction Bank

中国建设银行单位客户专用回单

流水号:3206021450YHD78DFBN

2021年11月08日

币别:人民币

付款人	全 称	江东东方服饰有限公司	收款人	全 称	江州吾悦服饰有限公司
	账 号	36036041247716258466		账 号	3602021500000000007745
	开户行	中国建设银行江州市沿江支行		开户行	中国建设银行江州市河海支行
金 额	(大写)人民币壹拾贰万伍仟肆佰叁拾元整		(小写)￥125,430.00		
凭证种类	电汇转账凭证		凭证号码	741569125961	
结算方式	转账		用 途	支付货款	

打印柜员:3206045001
打印机构:江州人民路支行
打印卡号:3205025906650018

电子回单
专用章
中国建设银行

交易机构:3200001450

打印时间:2021-11-08

交易柜员:3200001450D36

（借方回单）

（付款人回单）

本回单可通过网点自助设备或建行网站校验真伪

票据簿

19-1

江东东方服饰有限公司

销售单（代合同）

№ **8101001**

日期：2021年11月11日

客户名称：江州鼎典贸易有限公司　　纳税人识别号：91370852641776641A

地址电话：江州市沿江东路11号 0377-6660888　　开户行及账号：中国建设银行江州市沿江支行 36010011100000087452

编码	产品名称	规格	单位	数量	单价	金额	备注
140501	男式运动服套装		套	120	247.20	29664.00	
140502	女式运动服套装		套	140	206.00	28840.00	
合计	人民币（大写）：伍万捌仟伍佰零肆元整					￥58504.00	

地址：江州市沿江东路88号　　　　　　　　电话：0377-6780555

复核人：李强平　　　　经办人：郭慧　　　　签收人：高文丽

第三联　财务联

票
据
簿

19-2

江东东方服饰有限公司出库单

交来单位：江州鼎华贸易有限公司　　2021 年 11 月 11 日　　№.1405001

商品名称	规格	单位	应发数量	实发数量	单价	金额	备注	
男式运动服套装		套	120	120				第三联
女式运动服套装		套	140	140				
								财务联
合计								

部门经理：李德平　　　　合计：方方　　　　仓管主管：李治　　　　经办人：邹德锋

票据簿

19-3 03002007106

江东增值税普通发票

No 85794644

03002007106
85794644

开票日期：2021年11月11日

购买方	名　称：江州鼎业贸易有限公司 纳税人识别号：91370852641776641A 地　址、电话：江州市沿江东路11号 0377-6660888 开户行及账号：中国建设银行江州市沿江支行 36010011100000087452	密码区	0+-0-793+79692<82/85087431/+ 2342364>963<>5<56/3187+3<>1/ 0-5-53519>1+507+37*+/+79231> /3<5834+*951><9/0823+2-5+87*

货物或应税劳务、服务名称	规格型号	单位	数量	单价	金额	税率	税额
*服装*男式运动服套装		套	120	240.00	28800.00	3%	864.00
*服装*女式运动服套装		套	140	200.00	28000.00	3%	840.00
合　计					¥56800.00		¥1704.00
价税合计（大写）	⊗伍万捌仟伍佰零肆圆整				（小写）¥58504.00		

销售方	名　称：江东东方服饰有限公司 纳税人识别号：91370282607784659L 地　址、电话：江州市沿江东路88号 0377-6780555 开户行及账号：中国建设银行江州市沿江支行 36036041247716258466	备注	

收款人：李晶　　复核：李晶　　开票人：方芳　　销售方：（章）

第一联：记账联 销售方记账凭证

税总函〔2021〕619号 ** 造币有限公司

票据簿

2D-1

江东东方服饰有限公司
销售单（代合同）

№.8101002

日期：2021年11月12日

客户名称：江州田野商贸有限公司

纳税人识别号：91370681MA35HBJK44

地址电话：江州市新城开发区B区24号 0377-6770770　开户行及账号：中国建设银行江州市新城支行 3607532891111 8525233

编码	产品名称	规格	单位	数量	单价	金额	备注
140501	男式运动服套装		套	100	247.20	24720.00	
140502	女式运动服套装		套	100	206.00	20600.00	
合计	人民币（大写）：肆万伍仟叁佰贰拾元整					￥45320.00	

地址：江州市沿江东路88号　　　　　　　电话：0377-6780555

复核人：李强平　　　　　经办人：郭慧　　　　　签收人：贾珍

第三联　　财务联

票据簿

20-2

江东东方服饰有限公司出库单

交来单位：苏州四野商贸有限公司　　合计：万方　　2021 年 11 月 12 日　　№.1405002

商品名称	规格	单位	应发数量	实发数量	单价	金额	备注
男式运动服套装		套	100	100			
女式运动服套装		套	100	100			
合计							

部门经理：李德平　　仓管主管：李洁　　经办人：李德锋

第三联　财务联

江东增值税普通发票

No 8579464 5

03200 2007106

03200 2007106
8579 4645

开票日期：2021年11月12日

购买方	名 称：江州田野商贸有限公司
	纳税人识别号：91370681MA35H8JK44
	地 址、电 话：江州市新城开发区B区24号 0377-6770770
	开户行及账号：中国建设银行江州市新城支行 360753289111118525233

密 码 区	-538-132>5-96->-56<+43-17<9>
	3432797>*-+-/9>*74/*</7+2-96
	6*9*/65+7<-*153>56+/3534/+/6
	8-+519+6><9+08242/>*521/26+8

货物或应税劳务、服务名称	规格型号	单位	数量	单价	金 额	税率	税 额
*服装*男式运动服套装		套	100	240.00	24000.00	3%	720.00
*服装*女式运动服套装		套	100	200.00	20000.00	3%	600.00
合　　　计					￥44000.00		￥1320.00

作废

价税合计（大写） ⊗肆万伍仟叁佰贰拾圆整　　　　　（小写）￥45320.00

销售方	名 称：江东东方服饰有限公司	备
	纳税人识别号：91370282607784659L	
	地 址、电 话：江州市沿江东路88号 0377-6780555	注
	开户行及账号：中国建设银行江州市沿江支行 36036041247716258466	

收款人：李晶　　　复核：李晶　　　开票人：方芳　　　销售方：（章）

第一联　记账联　销售方记账凭证

税总函〔2021〕619号＊＊造币有限公司

票据簿

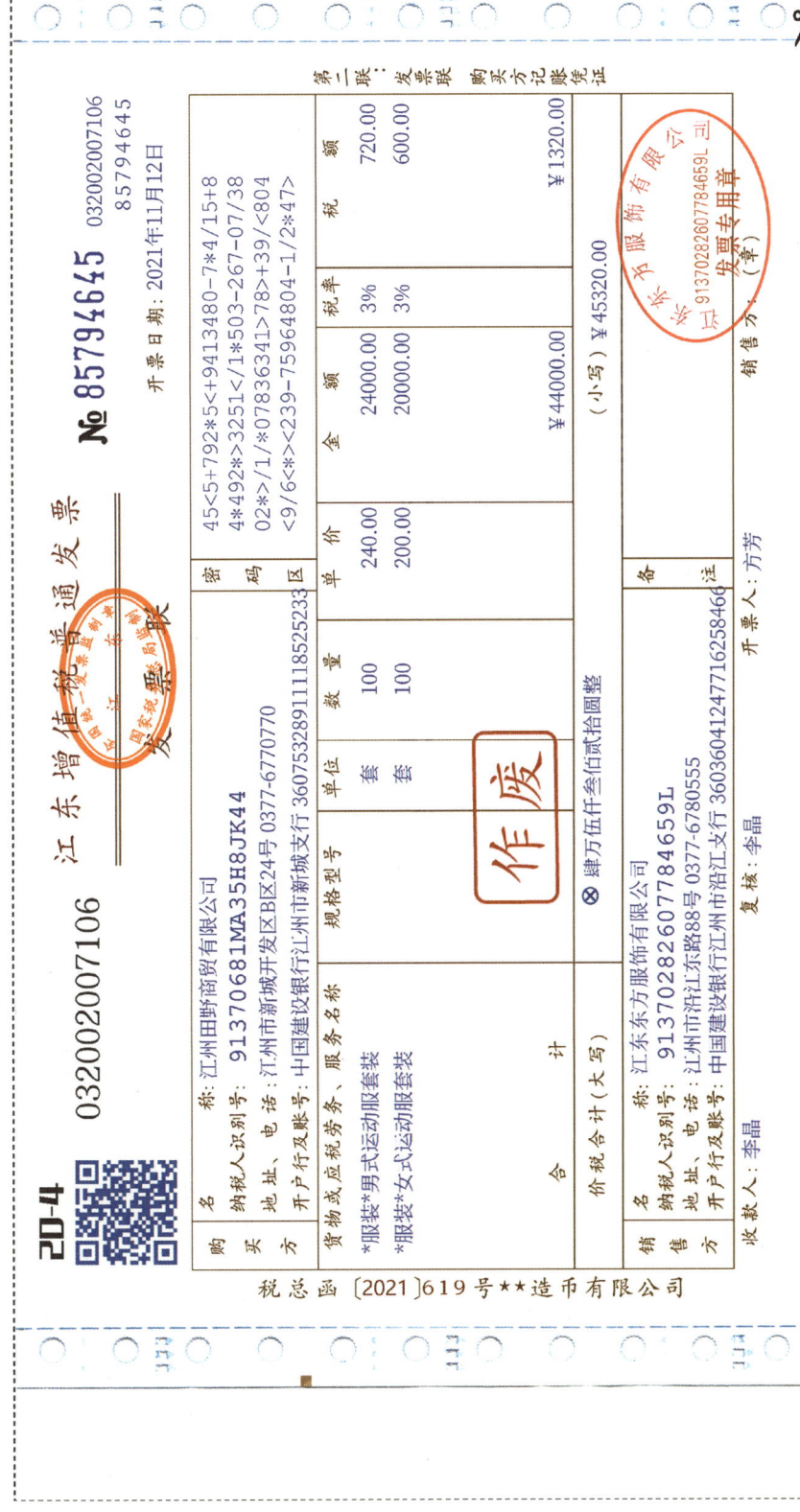

票据簿

21-1

03002007106

江东增值税普通发票

No 85794646

03002007106
85794646

开票日期：2021年11月12日

购买方		
名　称：江州田野商贸有限公司		
纳税人识别号：91370681MA35HBJK44		
地　址、电　话：江州市新城开发区B区24号 0377-6770770		
开户行及账号：中国建设银行江州市新城支行 3607532891118525233		

密码区：/94>362*8/7267>61<+<+>385020
465202>97>17/0*1098<56*321>8
6827325<31/727421<50+51*819
-97/674/93-5-/0+7>025<-61<9-

货物或应税劳务、服务名称	规格型号	单位	数量	单价	金额	税率	税额
*服装*男式运动服套装		套	100	240.00	24000.00	3%	720.00
*服装*女式运动服套装		套	100	200.00	20000.00	3%	600.00
合　计					￥44000.00		￥1320.00

价税合计（大写）　⊗肆万伍仟叁佰贰拾圆整　　　　（小写）￥45320.00

销售方		
名　称：江东东方服饰有限公司		
纳税人识别号：91370282607784659L		
地　址、电　话：江州市沿江东路88号 0377-6780555		
开户行及账号：中国建设银行江州市沿江支行 36036041247716258466		

备注

收款人：李晶　　复核：李晶　　开票人：方芳　　销售方：（章）

税总函〔2021〕619号＊＊造币有限公司

票
据
簿

22-1

江东东方服饰有限公司
销售单（代合同）

№.8101003

客户名称：肖俊杰

纳税人识别号：

地址电话：江州市肖家中街93号 0377-6467814

开户行及账号：

日期：2021年11月13 日

编码	产品名称	规格	单位	数量	单价	金额	备注
140501	男式运动服套装		套	1	247.20	247.20	
140502	女式运动服套装		套	1	206.00	206.00	
合计	人民币（大写）：肆佰伍拾叁元贰角整					¥453.20	

地址：江州市沿江东路88号　　　电话：0377-6780555

复核人：李强平　　　经办人：郭慧　　　签收人：肖俊杰

第三联　财务联

票据簿

22-2

江东东方服饰有限公司出库单

交来单位：肖俊杰

№. 1405003

2021 年 11 月 13 日

商品名称	规格	单位	应发数量	实发数量	单价	金额	备注
男式运动服套装		套	1	1			
女式运动服套装		套	1	1			
合计							

第三联　财务联

部门经理：李德平　　会计：方芳　　仓管主管：季洁　　经办人：管德锦

22-3

0320020007106

江东增值税普通发票

№ 85794647

0320020007106
85794647

开票日期：2021年11月13日

购买方	名　　称：肖俊杰 纳税人识别号： 地　址、电　话： 开户行及账号：	密码区	0>+17*/946-790<3/974<9/*>9>* -43<->4<41<8>60518/472<173*- 8360/08+2>+535>27>60<517518/ 3190162B*78237<>416<-3-049/+

货物或应税劳务、服务名称	规格型号	单位	数量	单价	金额	税率	税额
*服装*男式运动服套装		套	1	240.00	240.00	3%	7.20
*服装*女式运动服套装		套	1	200.00	200.00	3%	6.00
合　　计					￥440.00		￥13.20

价税合计（大写）　⊗肆佰伍拾叁圆贰角　（小写）￥453.20

销售方	名　　称：江东东方服饰有限公司 纳税人识别号：91370282607784659L 地　址、电　话：江州市沿江东路88号 0377-6780555 开户行及账号：中国建设银行江州市沿江支行 36036041247716258466	备注	注

收款人：李晶　　复核：李晶　　开票人：方芳　　销售方：（章）

票据簿

票据簿

22-4

中国建设银行
China Construction Bank

中国建设银行单位客户专用回单

币别：人民币　　　　　　　　2021年11月13日　　　　　　流水号：32060021450GDBU789PJ

本回单可通过网点自助设备或建行网站校验真伪

（贷方回单）

（收款人回单）

付款人	全　称	肖俊杰	收款人	全　称	江东东方服饰有限公司
	账　号	3601001115804502976		账　号	3603604124771625846
	开户行	中国建设银行江州市滨城支行		开户行	中国建设银行江州市沿江支行
金额	（大写）人民币肆佰伍拾叁元贰角整			（小写）￥453.20	
凭证种类	电汇转账凭证		凭证号码	48512385945	
结算方式	转账		用途	货款	

打印柜员：3206045001
打印机构：江州人民路支行
打印卡号：3205025906650018

（中国建设银行 电子回单专用章）

交易柜员：320001450D36　　　　　　　　　　　　交易机构：320001450

打印时间：2021-11-13

票
据
簿

2引-1

江东东方服饰有限公司
销售单（代合同）

No. 8101004

日期：2021年11月13日

客户名称：江州市第一中学

纳税人识别号：91370232411857520S

地址电话：江州市中诚区学院路66号 0377-6661111　开户行及账号：中国建设银行江州市中诚支行 36012125797800100222

编码	产品名称	规格	单位	数量	单价	金额	备注
140501	男式运动服套装		套	80	247.20	19776.00	
140502	女式运动服套装		套	120	206.00	24720.00	
合计	人民币（大写）：肆万肆仟肆佰玖拾陆元整					￥44496.00	

地址：江州市沿江东路88号　　　　　　　　　电话：0377-6780555

复核人：李强平　　　　经办人：郭慧　　　　签收人：贺芝

第三联　财务联

票据簿

票据簿

23-2

江东东方服饰有限公司出库单

交来单位：江州市第一中学　　　2021 年 11 月 13 日　　　№.1405004

商品名称	规格	单位	应发数量	实发数量	单价	金额	备注
男式运动服套装		套	80	80			
女式运动服套装		套	120	120			
合计							

部门经理：李鸿平　　会计：方芳　　仓管主管：李洁　　经办人：管德锦

第三联　财务联

票
据
簿

23-3

032002007106

江东增值税普通发票

№85794648

032002007106
8579 4648

开票日期：2021年11月13日

购买方	名　称：	江州市第一中学
	纳税人识别号：	91370232411857520S
	地址、电话：	江州市中诚区学院路66号 0377-6661111
	开户行及账号：	中国建设银行江州市中诚支行 360121257979800100222

密码区	617/08/25697*4>90-8/-+4+3-4/ 42>52/+341/83753*+5+->396427 >31<>212-7<670*-241061*-/+9 5*/+/39/>030>712974 2>5+39512

货物或应税劳务、服务名称	规格型号	单位	数量	单价	金额	税率	税额
*服装*男式运动服套装		套	80	240.00	19200.00	3%	576.00
*服装*女式运动服套装		套	120	200.00	24000.00	3%	720.00
合　计					￥43200.00		￥1296.00

价税合计（大写）	⊗肆万肆仟肆佰玖拾陆圆整	（小写）￥44496.00

销售方	名　称：	江东东方服饰有限公司	备注
	纳税人识别号：	91370282607784659L	
	地址、电话：	江州市沿江东路88号 0377-6780555	
	开户行及账号：	中国建设银行江州市沿江支行 36036041247716258466	

收款人：李晶　　复核：李晶　　开票人：方芳　　销售方：（章）

税总函〔2021〕619号＊＊造币有限公司

第一联 记账联 销售方记账凭证

票据簿

24-1

江东东方服饰有限公司
销售单（代合同）

№. 8101005

日期：2021年11月13日

客户名称：江州恒隆贸易有限公司　　　　纳税人识别号：91370120A198HK931E

地址电话：江州市新城开发区B区28号 0377-6868000　开户行及账号：中国建设银行江州市新城支行 3605896695890056565566

编码	产品名称	规格	单位	数量	单价	金额	备注
140501	男式运动服套装		套	120	247.20	29664.00	
140502	女式运动服套装		套	120	206.00	24720.00	
合计	人民币（大写）：伍万肆仟叁佰捌拾肆元整					￥54384.00	

地址：江州市沿江东路88号　　　　　　　　　　电话：0377-6780555

复核人：李强平　　　　　　经办人：郭慧　　　　　　签收人：曾秀

第三联　财务联

票据簿

票据簿

24-2

江东东方服饰有限公司出库单

交来单位：江州恒隆贸易有限公司　　2021 年 11 月 13 日　　　№.1405005

商品名称	规格	单位	应发数量	实发数量	单价	金额	备注
男式运动服套装		套	120	120			
女式运动服套装		套	120	120			
合计							

合计：才方

部门经理：季锦平　　　　仓管主管：季洁　　　　经办人：曾德锦

第三联　财务联

207

江东增值税专用发票

24-3

3200203706

№ 00759486

3200203706
00759486

购买方

名 称:	江州恒隆贸易有限公司
纳税人识别号:	9137O12OA198HK931E
地 址、电 话:	江州市新城开发区B区28号 0377-6868000
开户行及账号:	中国建设银行江州市新城支行 36058966958900565566

密码区

```
*>/94>5<0478-64>2<873>92/87
2<-9067+>50>31943+</53-165+
78+2067-+3-<8-206<13808<262
78<*5238-7>65/71-/>5>91/6*4
```

此联不作报销、退税证使用

开票日期:2021年11月13日

货物或应税劳务、服务名称	规格型号	单位	数量	单 价	金 额	税率	税 额
*服装*男式运动服套装		套	120	240.00	28800.00	3%	864.00
*服装*女式运动服套装		套	120	200.00	24000.00	3%	720.00
合 计					¥52800.00		¥1584.00

价税合计(大写) ⊗伍万肆仟叁佰捌拾肆圆整 (小写)¥54384.00

销售方

名 称:	江东东方服饰有限公司
纳税人识别号:	91370282607784659L
地 址、电 话:	江州市沿江东路88号 0377-6780555
开户行及账号:	中国建设银行江州市沿江支行 36036041247716258466

备注

收款人:方方 复核:李品 开票人:方方 销售方:(章)

税总函〔2021〕619号 ** 造币有限公司

第一联:记账联 销售方记账凭证

25-1

中国建设银行 China Construction Bank

中国建设银行单位客户专用回单

流水号：3206021450RT1YHJ5IO

币别：人民币　　　　　　　　　2021年11月14日

（贷方回单）

（收款人回单）

付款人	全　称	江州鼎典贸易有限公司	收款人	全　称	江东东方服饰有限公司
	账　号	3601001110000000000000		账　号	36036041247716258466
	开户行	中国建设银行江州市沿江支行		开户行	中国建设银行江州市沿江支行
金　额	（大写）人民币伍万捌仟伍佰零肆元整			（小写）￥58,504.00	
凭证种类	电汇转账凭证		凭证号码	52633599611	
结算方式	转账		用　途	货款	

打印柜员：3206645001
打印机构：江州沿江支行
打印卡号：3205025906650018

（中国建设银行 电子回单专用章）

交易机构：320001450

打印时间：2021-11-14　　　　　　交易柜员：320001450D36

票据簿

2b-1

中国建设银行
China Construction Bank

中国建设银行单位客户专用回单

转账日期：2021年11月15日　　　　　　　凭证字号：3206021450080000008

纳税人全称及纳税人识别号：江东东方服饰有限公司
91370282607784659L

付款人全称：江东东方服饰有限公司
付款人账号：36036041247716258466
付款人开户银行：中国建设银行江州市沿江支行
小写（合计）金额：￥37.50
大写（合计）金额：人民币叁拾柒元伍角整
印花税　种名称　所属时期　2021001-20211031

实缴金额
37.50

咨询（投诉）电话：12366
征收机关名称（委托方）：国家税务局江东江州分局
收款国库（银行）名称：国家金库江州市支库
缴款书交易流水号：3206021450085KU1HTY6
税票号码：3202112130000242596

交易柜员：3200001450D36　　　交易机构：3200001450

打印时间：2021-11-15

票据簿

26-2

中国建设银行
China Construction Bank

中国建设银行单位客户专用回单

凭证字号：3206021450080000009

转账日期：2021年11月15日

纳税人全称及纳税人识别号：江东东方服饰有限公司
9137028260778465L

付款人全称：江东东方服饰有限公司
付款人账号：36036041247716258466
付款人开户银行：中国建设银行江州市沿江支行
小写（合计）金额：￥15.00
大写（合计）金额：人民币壹拾伍元整
所属时期 20211001-20211031

征收机关名称（委托方）：国家税务局江东江州分局 咨询（投诉）电话：12366
收款国库（银行）名称：国家金库江州市支库
缴款书交易流水号：3206021450TYGH6YUJ8
税票号码：3202112130000242596

实缴金额
15.00

税（费）种名称
印花税

中国建设银行
电子回单
专用章

交易机构：320001450

交易柜员：320001450D36

打印时间：2021-11-15

票据簿

27-1

中国建设银行
China Construction Bank

中国建设银行单位客户专用回单

币别：人民币　　　　　　2021年11月23日　　　　流水号：3206021450RTFGTYU89

户名：江东东方服饰有限公司　　账号：36036041247716258466

项目名称		金额
手续费	工本费/手续费/电子汇划费	￥30.00
	30.00	
		￥30.00

合计金额 （大写）人民币叁拾元整

付款方式：转账

业务类型：对公人民币转账、汇款（含退汇）-跨行异地

摘要：手续费

打印柜员：32066045001

打印机构：江州沿江支行

打印卡号：3205025906650018

交易机构：320001450

（中国建设银行 电子回单专用章）

打印时间：2021-11-23　　　　交易柜员：320001450D36

票据簿

27-2

中国建设银行 China Construction Bank

中国建设银行单位客户专用回单

币别：人民币　　　　　　2021年11月23日　　　　　流水号：3206021450TGHPOM34U

户名：江苏东方服饰有限公司　　　账号：3603604124771625846

项目名称	工本费/手续费/电子汇划费	金额
对公人民币转账，汇款-对公资金划转本行同城	15.00	￥15.00
合计金额	（大写）人民币壹拾伍元整	￥15.00

付款方式：转账

业务类型：企业网银结算费

打印柜员：32066045001
打印机构：江州沿江支行
打印卡号：32050259066650018

打印时间：2021-11-23　　　交易柜员：320001450D36　　交易机构：320001450

票据簿

2B-1

借　款　单

2021 年 11 月 23 日填

部　　　门	销售部	借　款　人	李强辛
借　款　事　由	预支差旅费		
预计还款/报销日期			
借　款　金　额	人民币（大写）Ⓧ拾Ⓧ万贰仟零佰零拾零元零角零分		¥ 20000.00
	贺勇		
领　号　审　批		借款人签收	李强辛
			2021 年 11 月 23 日

（现金付讫）

部门主管 李强辛　财务主管 方芳　会计 方芳　出纳 李强辛

票据簿

29-1

工资计提表

2021年11月

部门	应发工资	应扣个人缴纳保险			税前合计	个人所得税	实发金额
		养老保险 8%	医疗保险 2%	失业保险 0.5%			
行政部	14,700.00	1,176.00	294.00	73.50	13,156.50	0.00	13,156.50
财务部	9,200.00	736.00	184.00	46.00	8,234.00	0.00	8,234.00
销售部	8,700.00	696.00	174.00	43.50	7,786.50	0.00	7,786.50
采购部	8,500.00	680.00	170.00	42.50	7,607.50	0.00	7,607.50
仓储部	8,200.00	656.00	164.00	41.00	7,339.00	0.00	7,339.00
合计	49,300.00	3,944.00	986.00	246.50	44,123.50	0.00	44,123.50

3D-1

社保计算表

2021年11月

部门	工资合计	企业							个人					合计					
		养老保险 16%	基本医疗保险7%	补充医疗保险 0.55%	失业保险 0.5%	工伤保险 0.35%	生育保险 0.8%	小计	养老保险 8%	医疗保险 2%	失业保险 0.5%	小计	养老保险	医疗保险	失业保险	工伤保险	生育保险	合计
行政部	14,700.00	2,352.00	1,029.00	80.85	73.50	51.45	117.60	3,704.40	1,176.00	294.00	73.50	1,543.50	3,528.00	1,403.85	147.00	51.45	117.60	5,247.90
财务部	9,200.00	1,472.00	644.00	50.60	46.00	32.20	73.60	2,318.40	736.00	184.00	46.00	966.00	2,208.00	878.60	92.00	32.20	73.60	3,284.40
销售部	8,700.00	1,392.00	609.00	47.85	43.50	30.45	69.60	2,192.40	696.00	174.00	43.50	913.50	2,088.00	830.85	87.00	30.45	69.60	3,105.90
采购部	8,500.00	1,360.00	595.00	46.75	42.50	29.75	68.00	2,142.00	680.00	170.00	42.50	892.50	2,040.00	811.75	85.00	29.75	68.00	3,034.50
仓储部	8,200.00	1,312.00	574.00	45.10	41.00	28.70	65.60	2,066.40	656.00	164.00	41.00	861.00	1,968.00	783.10	82.00	28.70	65.60	2,927.40
合计	49,300.00	7,888.00	3,451.00	271.15	246.50	172.55	394.40	12,423.60	3,944.00	986.00	246.50	5,176.50	11,832.00	4,708.15	493.00	172.55	394.40	17,600.10

票据簿

引-1

固定资产折旧计算表

2021年11月30日

使用部门	类别	名称	入账日期	原值	预计净残值率	预计净残值	预计使用年限	年折旧额	月折旧额	累计折旧
行政部	家具工具器具	办公桌椅	2021-10	2,472.00	5%	123.60	5	469.68	39.14	39.14
	家具工具器具	文件柜	2021-10	576.80	5%	28.84	5	109.59	9.13	9.13
	电子设备	电脑	2021-10	14,238.00	5%	711.90	3	4,508.70	375.73	375.73
	电子设备	打印机	2021-10	2,260.00	5%	113.00	3	715.67	59.64	59.64
财务部	家具工具器具	保险柜	2021-10	1,236.00	5%	61.80	5	234.84	19.57	19.57
合　计				20,782.80		1,039.14		6,038.48	503.21	503.21

制单：方芳

票据簿

32-1

所属期限：2021年11月

租金管理摊销表

单位：元

项目	金额	摊销期间	摊销期（月）	月摊销额	累计摊销额	剩余摊销金额
房租	30,000.00	2021.10-2022.12	15	2,000.00	4,000.00	26,000.00

制单：方芳

票
据
簿

习1

销售成本计算表

年 月 日

单位：元

商品名称	期初库存			本期购入			加权平均单位成本	本期销售			期末库存		
	数量	单价	金额	数量	单价	金额		数量	单价	金额	数量	单价	金额
男式运动服套装													
女式运动服套装													
合计													

备注：加权平均单位成本保留2位小数。

当期损益计算表

34-1

年　月　日

单位：元

收入类科目	本月发生额	费用类科目	本月发生额
主营业务收入		主营业务成本	
其他业务收入		其他业务成本	
营业外收入		税金及附加	
投资收益		管理费用	
		销售费用	
		财务费用	
		资产减值损失	
		营业外支出	
合　计		合　计	

当期损益（利润为正，亏损为负）

制单：

票据簿

35-1

中国建设银行股份有限公司活期存款明细账

币别: 人民币　　账号: 360360412477162584666　　　账户名称: 江东方服饰有限公司　　　日期: 20211101至20211130　　　第1页

日期	凭证种类	凭证号码	摘要	对方户名	借方	贷方	借贷	余额	交易流水号
					发生额				
20211105			期初余额				贷	238,148.20	
20211108	电子转账凭证	45836591236	备用金		5,000.00		贷	233,148.20	32060214505TYASU190P
20211113	电子转账凭证	74156912596I	支付货款	江州睿悦服饰有限公司	125,430.00		贷	107,718.20	32060214505YHD78DFBN
20211114	电子转账凭证	4851238536945	贷款	肖俊杰		453.20	贷	108,171.40	3206021450GDBU789PJ
20211115	电子转账凭证	0002068255211	贷款	江州鼎奥贸易有限公司		58,504.00	贷	166,675.40	3206021450RT1YHJ5IO
20211115	电子转账凭证		印花税		37.50		贷	166,637.90	3206021450855KU1HTY6
20211115	电子转账凭证		印花税		15.00		贷	166,622.90	3206021450TYGH6YUJ8
20211123	电子转账凭证		手续费		30.00		贷	166,592.90	3206021450RTF6TYU89
20211123	电子转账凭证		手续费		15.00		贷	166,577.90	3206021450TGHPON34U

打印时间: 2021-12-01 14:23:47　　　打印机构: 建设银行江州沿江支行　　　打印柜员: 320616036AJ4　　　打印卡号: 3205025906650018

票
据
簿

35-2

增值税普通发票资料统计

制表日期：2021年12月01日
所属期间：2021年11月~11月
税控盘 2021年11月~11月　　资料统计
纳税人识别号：　　91370282607784659L
企业名称：江东东方服饰有限公司
地址电话：江州市沿江东路88号 0377-6780555

★　发票领用存情况　★

期初库存份数	25	正数发票份数	4	负数发票份数	0
购进发票份数	0	正数废票份数	1	负数废票份数	0
退回发票份数	0	期末库存份数	20		

★销　项　情　况★
金额单位：元

序号	项目名称	合计	3%
1	销项正废金额	44,000.00	44,000.00
2	销项正数金额	188,440.00	188,440.00
3	销项负废金额	0.00	0.00
4	销项负数金额	0.00	0.00
5	实际销售金额	144,440.00	144,440.00
6	销项正废税额	1,320.00	1,320.00
7	销项正数税额	5,653.20	5,653.20
8	销项负废税额	0.00	0.00
9	销项负数税额	0.00	0.00
10	实际销项税额	4,333.20	4,333.20

票据簿

35-3

增值税专用发票资料统计

制表日期：2021年12月01日
所属期间：2021年11月~11月
税控盘 2021年11月~11月　　资料统计
纳税人识别号：　91370282607784659L
企业名称：江东东方服饰有限公司
地址电话：江州市沿江东路88号 0377-6780555

★　发票领用存情况　★

期初库存份数	20	正数发票份数	1	负数发票份数	0
购进发票份数	0	正数废票份数	0	负数废票份数	0
退回发票份数	0	期末库存份数	19		

★销 项 情 况★

金额单位：元

序号	项目名称	合计	3%
1	销项正废金额	0.00	0.00
2	销项正数金额	52,800.00	52,800.00
3	销项负废金额	0.00	0.00
4	销项负数金额	0.00	0.00
5	实际销售金额	52,800.00	52,800.00
6	销项正废税额	0.00	0.00
7	销项正数税额	1,584.00	1,584.00
8	销项负废税额	0.00	0.00
9	销项负数税额	0.00	0.00
10	实际销项税额	1,584.00	1,584.00

票据簿

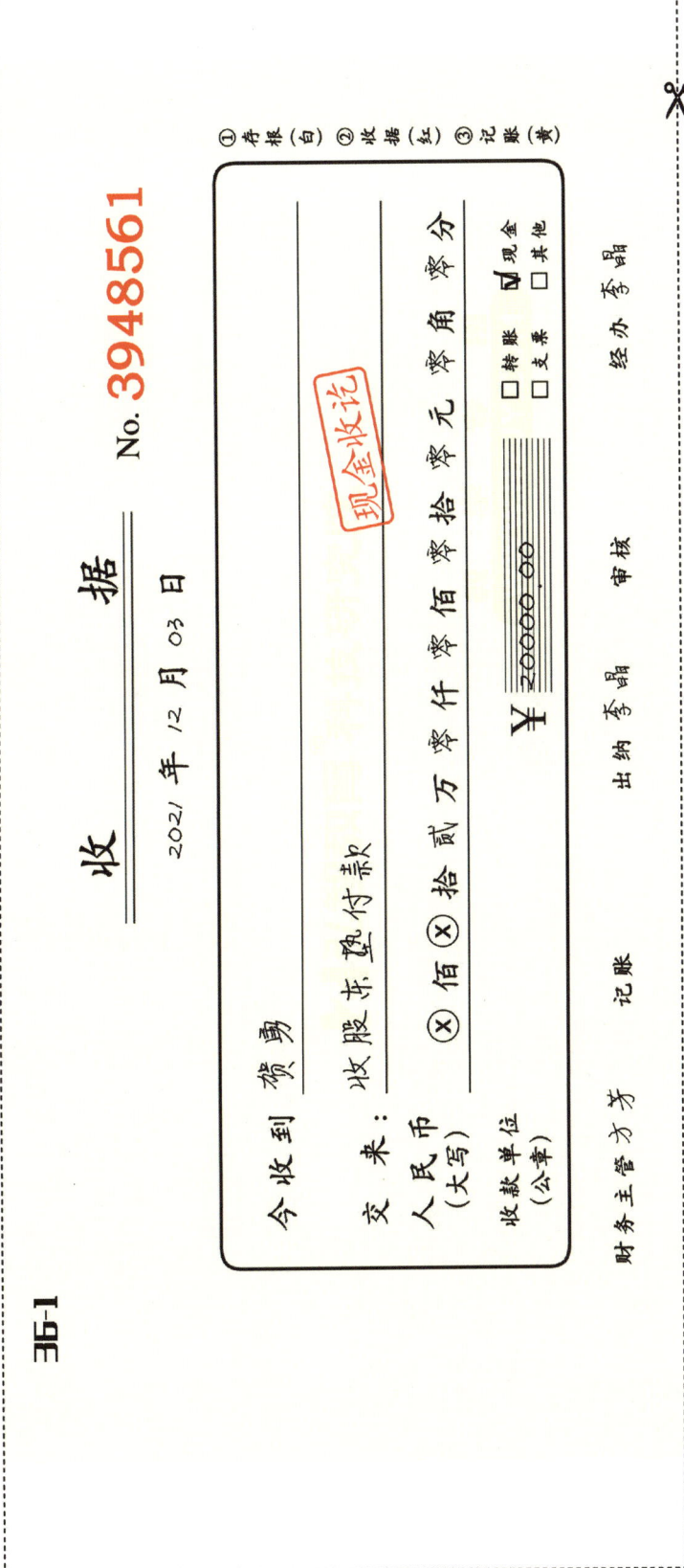

3b-1

收 据   No.3948561

2021 年 12 月 03 日

今收到 颂勇

交 来：收服志垫付款

人 民 币
（大写）   ⊗佰⊗拾贰万零仟零佰零拾零元零角零分

现金收讫

¥200000.00

收款单位
（公章）

□转账 ☑现金
□支票 □其他

财务主管 方方   记账   出纳 李明   审核   经办 李明

① 存根（白） ② 收据（红） ③ 记账（黄）

票
据
簿

37-1

现金交款单

中国建设银行
China Construction Bank

币别：人民币

2021年12月03日

流水号：3206021450YUHI67HGY

收款单位	江东东方服饰有限公司	交款人	李晶								
账 号	36036041247716258466	款项来源	股东贺勇垫付款								
（大写）人民币贰万元整			千	百	十	万	千	百	十	元	角	分
			¥		2	0	0	0	0	0	0

单位填写

银行确认栏

收款人账号：36036041247716258466
授权人户名：江东东方服饰有限公司
交款人名称：李晶
交易码   收付   金额
110201   收入   20000.00
      收入金额：20000.00   付出金额：0.00
      实收金额：20000.00
交易日期：2021年12月03日   现金回单（无银行打印记录及银行签章此单无效）

中国建设银行
江州市沿江支行
业务专用章
734176MYVWWS

授权：黄娟   复核：   录入：陈洋   出纳

第二联   客户回单联

票据簿

37-2

中国建设银行
China Construction Bank

中国建设银行单位客户专用回单

币别：人民币　　　　　　　2021年12月03日　　　　　　流水号：32060214 50YUHI67HGY

付款人	全　称	李晶	收款人	全　称	江东东方服饰有限公司
	账　号			账　号	36036041247716258466
	开户行			开户行	中国建设银行江州市沿江支行
金　额	（大写）人民币贰万元整		凭证号码		45851265 8932
凭证种类	电子转账凭证		用　途		仔现
结算方式	转账		（小写）￥20,000.00		

（贷方回单）

（收款人回单）

本回单可通过网点自动设备或建行网站校验真伪

打印柜员：32066045001
打印机构：江州沿江支行
打印卡号：3205025906650018

中国建设银行
电子回单
专用章

打印时间：2021-12-03　　　交易柜员：360001450　　　交易机构：36000145D36

票 据 簿

3B-1

付 款 申 请 单

申请部门：采购部

2021 年 12 月 05 日填

收款单位	江苏中胜贸易有限公司	付款原因	货款
银行账号	3601123500141000577775		
开户行	中国建设银行江州市河海支行		
付款方式	转账		
付款截止日			
人民币（大写）	⊗佰⊗拾贰万零仟零佰零拾零元零角零分		¥ 20000.00

领导审批 杨勇　财务主管 方方　部门主管 张静　经办人 周斌

票据簿

3B-2

江东东方服饰有限公司入库单

№.1601003

交来单位: 江苏中胜贸易有限公司　　2021 年 12 月 05 日

商品名称	规格	单位	应收数量	实收数量	单价	金额	备注
男式运动服套装		套	100	100	214.24	21424.00	
女式运动服套装		套	100	100	190.55	19055.00	
合计						共 40479.00 元	

部门经理: 张持　　　会计: 方方　　　仓管主管: 季活　　　经办人: 詹优锋

第三联　财务联

票据簿

票据簿

JB-3

032002007124

江东增值税普通发票 № 85659555

032002007124
85659555

开票日期：2021年12月05日

购买方	名　称：江东东方服饰有限公司 纳税人识别号：913702826077846591 地　址、电　话：江州市沿江东路88号0377-6780555 开户行及账号：中国建设银行江州市沿江支行360360412477162584466

货物或应税劳务、服务名称	规格型号	单位	数量	单价	金额	税率	税额
*服装*男式运动服套装		套	100	208.00	20800.00	3%	624.00
*服装*女式运动服套装		套	100	185.00	18500.00	3%	555.00
合　计					¥39300.00		¥1179.00

密码区：
0><-80+8734693818>71+8*36057
>3-+><80*75*0<231473-+698+1*
75/98737 0517<459+</57<7>64
7549-91<83751<3</8</>91476>0

价税合计（大写） ⊗肆万零肆佰柒拾玖圆整 （小写）¥40479.00

销售方	名　称：江东中胜贸易有限公司 纳税人识别号：913704211AL562123S 地　址、电　话：江州市河海东路21号0377-6177722 开户行及账号：中国建设银行江州市河海支行360112350014100005775	备注

收款人：张超　　复核：吴迪　　开票人：杨红

销售方：（章）江东中胜贸易有限公司 913704211AL562123S 发票专用章

3B-4

中国建设银行 China Construction Bank

中国建设银行单位客户专用回单

币别：人民币　　　　　　　　2021年12月05日　　　　　　流水号：3206021450TGFTYHUIO

		付款人		收款人	
全称	江苏东方服饰有限公司		全称	江东中胜贸易有限公司	
账号	360360412477162584466		账号	3601123500141000577575	
开户行	中国建设银行汀州市沿汀支行		开户行	中国建设银行汀州市河海支行	
金额	（大写）人民币贰万元整			（小写）￥20,000.00	
凭证种类	电子转账凭证		凭证号码	45852136547858	
结算方式	转账		用途	支付贷款	

打印柜员：32066045001
打印机构：汀州沿汀支行
打印卡号：3205025906650018

（借方回单）
（付款人回单）

本回单可通过网点自助设备或建行网站校验真伪

交易机构：360001450

打印时间：2021-12-05　　　　　　交易柜员：36000145D36

票
据
簿

39-1

江东东方服饰有限公司入库单

交来单位: 江州畜悦服饰有限公司　　2021 年　12　月　05　日　　　№.1601004

商品名称	规格	单位	应收数量	实收数量	单价	金额	备注
男式运动服套装		套	200	200	214.70	42940.00	
女式运动服套装		套	200	200	192.10	38420.00	
合计						81360.00	

部门经理: 後静　　　会计: 方芳　　仓管主管: 李洁　　经办人: 冷偲偲

第三联　　财务联

票
据
簿

39-2

03002007488

江东增值税普通发票

No 56859879

03002007488
56859879

开票日期：2021年12月05日

购买方	名　称：江东东方服饰有限公司
	纳税人识别号：91370282607784659L
	地　址、电　话：江州市沿江东路88号0377-6780555
	开户行及账号：中国建设银行江州市沿江支行36036041247716258466

密码区

```
-58<<393><>-8-+07*987-2/52-<
/<6+8750>-7/+59072*+-</2>+32
<6/960+-0589638-537</+<-+208
</-65-80+7/5862*097*>8081-*0
```

货物或应税劳务、服务名称	规格型号	单位	数量	单价	金额	税率	税额
*服装*男式运动服套装		套	200	190.00	38000.00	13%	4940.00
*服装*女式运动服套装		套	200	170.00	34000.00	13%	4420.00
合　计					￥72000.00		￥9360.00

价税合计（大写）　⊗捌万壹仟叁佰陆拾圆整　　（小写）￥81360.00

销售方	名　称：江州吕悦服饰有限公司
	纳税人识别号：91370556MA112101L
	地　址、电　话：江州市河海东路32号0377-6612345
	开户行及账号：中国建设银行江州市河海支行36020215000000007745

备注

收款人：夏妍　　复核：李毅　　开票人：吴波

第二联 发票联 购买方记账凭证

（章）9137055 66MA112101L 发票专用章
江州吕悦服饰有限公司

税总函〔2021〕619号★★造币有限公司

票据簿

40-1

江东东方服饰有限公司

销售单（代合同）

№ 8101005

日期：2021年12月06日

客户名称：江州武进商贸有限公司　　纳税人识别号：9137048951112DW9517

地址电话：江州市中诚区学院路18号 0377-6565656　　开户行及账号：中国建设银行江州市中诚支行 36011116858900120066

编码	产品名称	规格	单位	数量	单价	金额	备注
140501	男式运动服套装		套	180	247.20	44496.00	
140502	女式运动服套装		套	160	206.00	32960.00	
合计	人民币（大写）：柒万柒仟肆佰伍拾陆元整					¥77456.00	

地址：江州市沿江东路88号　　　　　　电话：0377-6780555

复核人：李强平　　　　　经办人：郭慧　　　　　签收人：江可

第三联　财务联

票据簿

40-2

江东东方服饰有限公司出库单

交来单位：苏州武进商贸有限公司　　2021 年 12 月 06 日　　№.1405006

商品名称	规格	单位	应发数量	实发数量	单价	金额	备注
男式运动服底装		套	180	180			第三联
女式运动服底装		套	160	160			财务联
合计							

部门经理：李平锋　　　合计：方芳　　　仓管主管：李洁　　　经办人：客俊锋

票据簿

40-3

0320020007106

江东增值税普通发票

№ 85794649

0320020007106
8579649

开票日期：2021年12月06日

| 密码区 | 27*>846794<89*32/><91/454/>*
/51412*+50*7+4>3+-2030-835*0
5879+/+6+6327/>/1+8/9>3+>183
362-/<5670<1-0<6+6+>-*<870 |

第一联 销售方记账凭证

| 购买方 | 名　　称：江州武进商贸有限公司
纳税人识别号：91370489512DW9517
地　　址、电　话：江州市中诚区学院路18号 0377-656566
开户行及账号：中国建设银行江州市中诚支行 360111685890012006 |

货物或应税劳务、服务名称	规格型号	单位	数量	单价	金额	税率	税额
*服装*男式运动服套装		套	180	240.00	43200.00	3%	1296.00
*服装*女式运动服套装		套	160	200.00	32000.00	3%	960.00
合　计					￥75200.00		￥2256.00

价税合计（大写）　⊗ 柒万柒仟肆佰伍拾陆圆整　　（小写）￥77456.00

| 销售方 | 名　　称：江东东方服饰有限公司
纳税人识别号：91370282607784659L
地　　址、电　话：江州市沿江东路88号 0377-6780555
开户行及账号：中国建设银行江州市沿江支行 360360412477162584666 | 备注 |

收款人：李晶　　复核：方芳　　开票人：方芳　　销售方：（章）

税总函〔2021〕619号 ★★造币有限公司

41-1

03002007106

江东增值税普通发票

负数

№ 85794650

03002007106
85794650

开票日期: 2021年12月07日

第一联 记账联 销售方记账凭证

密码区:
831491 7<759/018+87*><0+<>2*4
72842 3>9>7-7*5><+9724-8252+8
01<>05/304-28*+/7/31737-948+
*9+0940*894*<2862845-14<282

货物或应税劳务、服务名称	规格型号	单位	数量	单价	金额	税率	税额
*服装*男式运动服套装		套	-80	240.00	-19200.00	3%	-576.00
*服装*女式运动服套装		套	-120	200.00	-24000.00	3%	-720.00
合　计					¥-43200.00		¥-1296.00

价税合计(大写) ⊗负肆万肆仟肆佰玖拾陆圆整　(小写) ¥-44496.00

购买方
名　　称: 江州市第一中学
纳税人识别号: 91370232411857520S
地址、电话: 江州市中诚区学院路66号 0377-6661111
开户行及账号: 中国建设银行江州市中诚支行 360121257978001000222

销售方
名　　称: 江东东方服饰有限公司
纳税人识别号: 91370282607784659L
地址、电话: 江州市沿江东路88号 0377-6780555
开户行及账号: 中国建设银行江州市沿江支行 36036041247716258466

备注

收款人: 李晶　　复核: 李晶　　开票人: 方芳　　销售方: (章)

税总函〔2021〕619号**造币有限公司

票
据
簿

41-2

0320002007106

江东增值税普通发票

负数

0320002007106
8579650

№ 85794650

开票日期：2021年12月07日

| 购买方 | 名　称：江州市第一中学 |
| 纳税人识别号：91370232411857520S |
| 地　址、电　话：江州市中诚区学院路66号 0377-6661111 |
| 开户行及账号：中国建设银行江州市中诚支行 360121257978001002222区 |

| 密码区 | -*79196369/*040+>3+969/-*<>/
 /85>*-8+6827>9/3*5*<06<09+8+
 916>*<474>1*8571920>*3052+03
 >4/0286+27->+<*5>+1>082373<8 |

货物或应税劳务、服务名称	规格型号	单位	数量	单价	金额	税率	税额
*服装*男式运动服套装		套	-80	240.00	-19200.00	3%	-576.00
*服装*女式运动服套装		套	-120	200.00	-24000.00	3%	-720.00
合　计					￥-43200.00		￥-1296.00

价税合计（大写）⊗ 负肆万肆仟肆佰玖拾陆圆整　（小写）￥-44496.00

| 销售方 | 名　称：江东东方服饰有限公司 |
| 纳税人识别号：91370282607784659L |
| 地　址、电　话：江州市洋江东路88号 0377-6780555 |
| 开户行及账号：中国建设银行江州市沿江支行 36036041247716258466 |

备注

收款人：李晶　　复核：李晶　　开票人：方芳　　销售方：（章）

票据簿

41-3

032002007106

江东增值税普通发票

No 85794648

032002007106
8579464648

开票日期：2021年11月13日

第二联 发票联 购买方记账凭证

购买方	名　称：江州市第一中学 纳税人识别号：913702324118575205 地　址、电　话：江州市中诚区学院路66号 0377-6661111 开户行及账号：中国建设银行江州市中诚支行 36012125797800100222

密码区	617/08/25697*4>90-8/-+4+3-4/ 42>52/+341/83753*+5+->396427 >31<>+212-7<670*-24061*-/+9 5*/+/39/>030>712974>5+39512

货物或应税劳务、服务名称	规格型号	单位	数量	单价	金额	税率	税额
*服装*男式运动服套装		套	80	240.00	19200.00	3%	576.00
*服装*女式运动服套装		套	120	200.00	24000.00	3%	720.00
合　计					¥43200.00		¥1296.00

价税合计（大写）　⊗肆万肆仟贰佰玖拾陆圆整　　（小写）¥44496.00

销售方	名　称：江东东方服饰有限公司 纳税人识别号：9137028260778465691 地　址、电　话：江州市沿江江东路88号 0377-6780555 开户行及账号：中国建设银行江州市沿江江东支行 36036041247716258460

备注

收款人：李晶　　　复核：李晶　　　开票人：方芳　　　销售方：（章）

东方服饰有限公司
9137028260778465691
发票专用章

税总函〔2021〕619号★★造币有限公司

· 269 ·

票据簿

42-1

江东东方服饰有限公司

№ 8101007

销售单（代合同）

日期：2021年12月07日

客户名称：江州市体育局　　　　纳税人识别号：91370232411857520S

地址电话：江州市中诚区学院路66号 0377-6661111　　开户行及账号：中国建设银行江州市中诚支行 360111454500000000001

编码	产品名称	规格	单位	数量	单价	金额	备注
140501	男式运动服套装		套	80	247.20	19776.00	
140502	女式运动服套装		套	120	206.00	24720.00	
合计	人民币（大写）：肆万肆仟肆佰玖拾陆元整					¥44496.00	

地址：江州市沿江东路88号　　　　　　　　　　　电话：0377-6780555

复核人：李强平　　　　　　经办人：郭慧　　　　　签收人：白涛

第三联　财务联

票据簿

42-2

0320002007106

江 东 增 值 税 普 通 发 票

№ 85794651

0320002007106
85794651

开票日期：2021年12月07日

购买方	名　称：江州市体育局
	纳税人识别号：91370222232H2852N
	地　址、电　话：江州市河海东路7号 0377-6777555
	开户行及账号：中国建设银行江州市中诚支行 360111145450000000001

密码区	7+>4-29>/<362*47*24310-854>/ 1692686/52387*-9<>8565+4*80 /*97825-459/317<085*19*><121 4*>4*3-4509>+70/9/47<17948<8

货物或应税劳务、服务名称	规格型号	单位	数量	单价	金额	税率	税额
*服装*男式运动服套装		套	80	240.00	19200.00	3%	576.00
*服装*女式运动服套装		套	120	200.00	24000.00	3%	720.00
合　计					¥43200.00		¥1296.00

价税合计（大写）　⊗ 肆万肆仟肆佰玖拾陆圆整　（小写）¥44496.00

销售方	名　称：江东东方服饰有限公司
	纳税人识别号：91370282607784659L
	地　址、电　话：江州市沿江东路88号 0377-6780555
	开户行及账号：中国建设银行江州市沿江支行 360360412477162S8466

备注

第 一 联　记账联　销售方记账凭证

收款人：李晶　　　复核：李晶　　　开票人：方芳　　　销售方：（章）

票据簿

4】-1

江东东方服饰有限公司
销售单（代合同）

№.**8101008**

日期：2021年12月09 日

客户名称：王凯旋

纳税人识别号：

地址电话：江州市金水区国华路7号 0377-6180729

开户行及账号：

编码	产品名称	规格	单位	数量	单价	金额	备注
140501	男式运动服套装		套	5	247.20	1236.00	
合计	人民币（大写）：壹仟贰佰叁拾陆元整					￥1236.00	

地址：江州市沿江东路88号　　　　　电话：0377-6780555

复核人：李强平　　　　经办人：郭慧　　　　签收人：王凯旋

第三联　财务联

43-2

江东东方服饰有限公司出库单

交来单位：王机械

№. 1405007

2021 年 12 月 09 日

商品名称	规格	单位	应发数量	实发数量	单价	金额	备注
男式运动服毫装		套	5	5			
合计							

部门经理：李强平　　会计：方芳　　仓管主管：季洁　　经办人：筹德锋

第三联　财务联

票据簿

收 据   No.5689221

2021 年 12 月 09 日

今收到 王凯淼

交 来：

饬款

人民币
（大写） ⊗佰⊗拾⊗万壹仟贰佰叁拾陆元零角零分

现金收讫

收款单位
（公章）

¥1236.00

□转账   ☑现金
□支票   □其他

财务主管   记账   出纳 李娟   审核 李娟   经办 李娟

① 存根（白） ② 收据（红） ③ 记账（黄）

4日

44-1

中国建设银行
China Construction Bank

现金交款单

币别：人民币

2021年12月09日

流水号：3206021450TYGHBHY67

| 收款单位 | 江东东方服饰有限公司 | 交款人 | 李晶 |
| 账 号 | 360360412477162584661 | 款项来源 | 货款 |

	千	百	十	万	千	百	十	元	角	分
单位填写	（大写）人民币壹仟贰佰叁拾陆元整				¥	1	2	3	6	0	0

银行确认栏

收款人账号：360360412477162584661
授权收人户名：江东东方服饰有限公司
交款人名称：李晶
交易码   金额
110205.   1236.00
收入金额：1236.00   收付   1236.00
实收金额：1236.00
交易日期：2021年12月09日

付出金额：0.00

现金回单（无银行打印记录及银行签单此单无效）

中国建设银行
江州市沿江支行
业务专用章
734176MYVWWS

第二联
客户回单联

授权：黄媚   复核：   录入：陈洋   出纳

票据簿

44-2

中国建设银行 China Construction Bank

中国建设银行单位客户专用回单

币别：人民币   2021年12月09日   流水号：3206021450TYGHBHY67

付款人	全称	李晶	收款人	全称	江东东方服饰有限公司	（贷方回单）
	账号			账号	36036041247716258466	
	开户行			开户行	中国建设银行江州市沿江支行	

金额	（大写）人民币壹仟贰佰叁拾陆元整		（小写）￥1,236.00
凭证种类	电子转账凭证	凭证号码	78541652389
结算方式	转账	用途	货款

打印柜员：3206045001
打印机构：江州沿江支行
打印卡号：32050259066650018

交易机构：360001450

（收款人回单）

本回单可通过网点自助设备或建行网站校验真伪

打印时间：2021-12-09   交易柜员：36000145D36

票
据
簿

45-1

差 旅 费 报 销 单

报销部门：销售部　　　　　　　　　　　　　2021 年 12 月 09 日填　　　　单据及附件共 __4__ 张

姓名	李强平		职别	销售经理		出差事由	拓展业务	

出差起止日期：自 2021 年 12 月 05 日起至 2021 年 12 月 07 日止　共 3 天

日期		起 讫 地 点	交通费	住宿费	餐费	出差补助	其 他	小 计
月	日							
12	05	江州市一武汉市	691.00	398.00				1089.00
12	06	江州市一武汉市		398.00	1250.00			1648.00
12	07	武汉市一江州市	691.00					691.00
合		计	¥ 1382.00	¥ 796.00	¥ 1250.00			¥ 3428.00

现金付讫

人民币
（大写）　⊗ 拾 ⊗ 万 叁 仟 肆 佰 贰 拾 捌 元 零 角 零 分 　原借款：2000.00 元　退补：1428.00 元

领导　　　颁　勇　　　部门　　方　方　　　财务　　方　方　　　会计　方　方　　　出纳　李　娟　　　领款人　李强

审批　　　　　　　　　主管　　　　　　　　主管

票据簿

45-4

湖北增值税普通发票

04002001201

№ 00684521

开票日期：2021年12月07日

04002001201
00684521

购买方	名　　称：江云东方服饰有限公司 纳税人识别号：91370282607784659L 地　　址、电话：江州市沿江东路88号0377-6780555 开户行及账号：中国建设银行江州市沿江支行360360412477162584466						
密码区	0+1923<7*+-4963740<6</5<52* 2/0-6+201<-29<*-/14-08701049 *<15035>6*<81/-7682*4786<59 <2<6-+2<6351*-6++75/403>-*5						
货物或应税劳务、服务名称	规格型号	单位	数量	单价	金额	税率	税额
*住宿服务*住宿费		天	2	375.47	750.94	6%	45.06
合　计					￥750.94		￥45.06
价税合计（大写）	⊗某伯玖拾陆圆整				（小写）￥796.00		
销售方	名　　称：武义紫庭别苑连锁酒店 纳税人识别号：914201245245134591 地　　址、电话：武汉市洪川区胜利路77号027-81562166 开户行及账号：中国建设银行洪山区支行360612058962584222222						
备注						

第二联 发票联 购买方记账凭证

收款人：李夏　　复核：夏雨　　开票人：伊静

销售方：（章）

票据簿

45-5

042002001201

湖北增值税普通发票

No 00684522

042002001201
00684522

开票日期：2021年12月07日

购买方	名　称：江东东方服饰有限公司
	纳税人识别号：91370282607784659L
	地　址、电　话：汀州市沿江东路88号0377-6780555
	开户行及账号：中国建设银行汀州市沿江支行360360412477162584666

密码区：
+*+61<<+1291>*9/><>601/*23/+0
532+147841+2>67/89*60/6-7>-/
8<3/2-6+>98-+-*09>53-<3>+0>3
/-28<53-4<81313G>-12>63>6214

货物或应税劳务、服务名称	规格型号	单位	数量	单价	金额	税率	税额
*餐饮服务*餐饮费		项	1	1213.59	1213.59	3%	36.41
合　计					￥1213.59		￥36.41

价税合计（大写）　⊗ 壹仟贰佰伍拾圆整　　　（小写）￥1250.00

销售方	名　称：武汉市听涛餐饮有限公司	备注
	纳税人识别号：91420124524513459l	
	地　址、电　话：武汉市武昌区鲁巷路19号027-88761112	
	开户行及账号：中国建设银行武昌区支行36061205807367312129	

收款人：上猛　　复核：袁薇　　开票人：杨京轩　　销售方：（章）

税总函〔2021〕619号　★★造币有限公司

票据簿

46-1

费 用 报 销 单

报销部门：行政部　　　　　2021 年 12 月 10 日填　　　　　单据及附件共 __1__ 张

用 途	金额（元）	备 注
打车费	60.00	报销打车费用
		现金付讫
		部门审核：李娟
		领导审批：李阳
合 计	￥60.00	

人民币
（大写）　⊗拾⊗万⊗仟⊗佰陆拾零元零角零分

财务主管：方芳　　　复核：方芳　　　出纳：李娟　　　报销人：徐小燕　　　领款人：徐小燕

原借款：　　　　　　元　　　退／补：　　　　　　元

票据簿

46-2

江州出租汽车专用发票
江州市（1）
BEIJING TAXI SPECIAL INVOICE
发票联
INVOICE

111001481007
10051362

单位 Unit	0657
电话 Tel	61206598
车号 京 Taxi No.	B-N167
证号 Certificate No.	134030
日期 Date	2021-12-08
时间 Time	13:10-13:22
单价 Price per km	3.45
里程 Mileage	17.4
等候 Wait	00:30:29
状态 State	1
金额 Fare	￥60.00
燃油附加费 Fuel oil suronarge	￥1.00
预约叫车服务费 Call service suronarge	￥0.00
实际金额 Iotar	￥60.00
卡号 Card No	-----
卡原额 Card original sum	-----
卡余额 Card balance sum	-----

手写无效

江州市出租汽车发票专用章

票据簿

47-1

付 款 申 请 单

申请部门：销售部   2021 年 12 月 11 日填

收款单位	江州市凤飞广告有限公司	付款原因	广告费
银行账号	3602222747400000IIII		
开 户 行	中国建设银行江州市甲澂支行		
付款方式	转账		
付款截止日			

人民币
（大写） ⊗佰⊗拾⊗万贰仟伍佰零拾零元零角零分   ￥ 2500.00

领导审批 张勇   财务主管 方芳   部门主管 为方   经办人 李娟

票据簿

47-2

江东增值税普通发票

№ 00684522

0320020001201

0320020001201
00684522

开票日期：2021年12月11日

购买方	名　称：江东东方服饰有限公司 纳税人识别号：913702826077B4659L 地　址、电　话：江州市沿江东路88号电话0377-6780555 开户行及账号：中国建设银行江州市沿江支行360360412477162584466

第二联 发票联 购买方记账凭证

货物或应税劳务、服务名称	规格型号	单位	数量	单价	金额	税率	税额
*信息技术服务*广告费		项	1	2427.18	2427.18	3%	72.82
合　计					￥2427.18		￥72.82

密码区：
/+*4718*1<23>13+5*/+3>2/0<01
3>530>23280-406/+915410+90/0
80805727*7012>4818+1712>-81
48/9072*591>+5+0*+/86*60>+3>

价税合计（大写）　⊗ 贰仟伍佰圆整　（小写）￥2500.00

销售方	名　称：江州市凤飞广告有限公司 纳税人识别号：9137011115858DA20S 地　址、电　话：江州市中诚学院路11号0377-6658961 开户行及账号：中国建设银行江州市中诚支行36022217474000001111	备注

收款人：王多多　　复核：张夏天　　开票人：孙行者　　销售方：

票据簿

47-3

中国建设银行
China Construction Bank

中国建设银行单位客户专用回单

币别：人民币　　　　　　　　　　2021年12月11日　　　　　　　　　流水号：32060214S0TYGH567YU

付款人	全　称	江东东方服饰有限公司	收款人	全　称	汀州市凤飞广告有限公司
	账　号	360360412477162S8466		账　号	360222174740000001111
	开户行	中国建设银行汀州市沿汀支行		开户行	中国建设银行汀州市中诚支行

金　额	（大写）人民币贰仟伍佰元整		（小写）￥2,500.00
凭证种类	电子转账凭证	凭证号码	85453258965l
结算方式	转账	用　途	广告费

（借方回单）

（付款人回单）

打印柜员：32066045001
打印机构：汀州沿汀支行
打印卡号：3205025906650018

交易柜员：36000145D36　　　　交易机构：360001450

打印时间：2021-12-11

本回单可通过网点自助设备或建行网站校验真伪

票

据

簿

4B-1

报销部门：行政部

费 用 报 销 单

2021 年 12 月 11 日填

单据及附件共 __5__ 张

用 途	金额（元）	备 注	
装修违规、嘟客行政处罚款	500.00	装修违规、嘟客行政处罚	
		部门审核	李阳
		领导审批	贺勇
合 计	¥500.00	原借款： 元	退/补： 元

人民币（大写） ⊗ ⊗ 仟伍佰 ⊗ 拾 ⊗ 万 ⊗ 拾 ⊗ 元 零 角 零 分

（现金付讫）

财务主管 方方　　复核 方方　　出纳 李阳　　报销人 徐小贤　　领款人 徐小贤

票据簿

48-2

原始凭证粘贴单

票据类型	张数	金额
合计		
备注		

说明:
1. 原始单据需分类粘贴,如飞机票、餐饮票等。
2. 将原始单据大小相同、票面金额相同的粘贴在一起。
3. 粘贴原始单据时从右至左,先粘贴小张的后粘贴大张的,遇单据纸张过大时,可折小后粘贴其一端。
4. 本粘贴单文字说明位置可以被粘贴覆盖,如原始单据过多可续张粘贴。

票据簿

48-3

江东省政府非税收入定额票据

票据簿
收据联

非税收入项目：..................

收费标准：..................

盖章有效

金　　额：壹佰元　整

(2021) No 00988119

收款单位：(盖章)

48-4

江东省政府非税收入定额票据

票据簿
收据联

非税收入项目：..................

收费标准：..................

盖章有效

金　　额：壹佰元　整

(2021) No 00988120

收款单位：(盖章)

48-5

江东省政府非税收入定额票据

票据簿
收据联

非税收入项目：..................

收费标准：..................

盖章有效

金　　额：壹佰元　整

(2021) No 00988121

收款单位：(盖章)

48-6

江东省政府非税收入定额票据

票据簿
收据联

非税收入项目：..................

收费标准：..................

盖章有效

金　　额：壹佰元　整

(2021) No 00988122

收款单位：(盖章)

48-7

江东省政府非税收入定额票据

票据簿
收据联

非税收入项目：..................

收费标准：..................

盖章有效

金　　额：壹佰元　整

(2021) No 00988123

收款单位：(盖章)

票据簿

49-1

费 用 报 销 单

报销部门：行政部

2021 年 12 月 11 日 填

单据及附件共 ___1___ 张

用　　途	金额（元）
清理垃圾费	100.00
合　　计	共 100.00

人民币（大写） ⊗拾⊗万⊗仟壹佰零拾零元零角零分

备注：支付清理垃圾费

部门审核：李阳

现金付讫

原借款：___元___ 退/补：___元___

领导审批：杨勇

领款人徐小贤

财务主管 方芳　　复核 方芳　　出纳 李晶　　报销人徐小贤

票据簿

收 条

49-2

今收到江苏东方服饰有限公司清理垃圾收费：人民币壹佰元整（100.00元）。

姓　名：王宝山

身份证号码：360112197011307715

收款人：王宝山

2021年12月11日

票
据
簿

5D-1

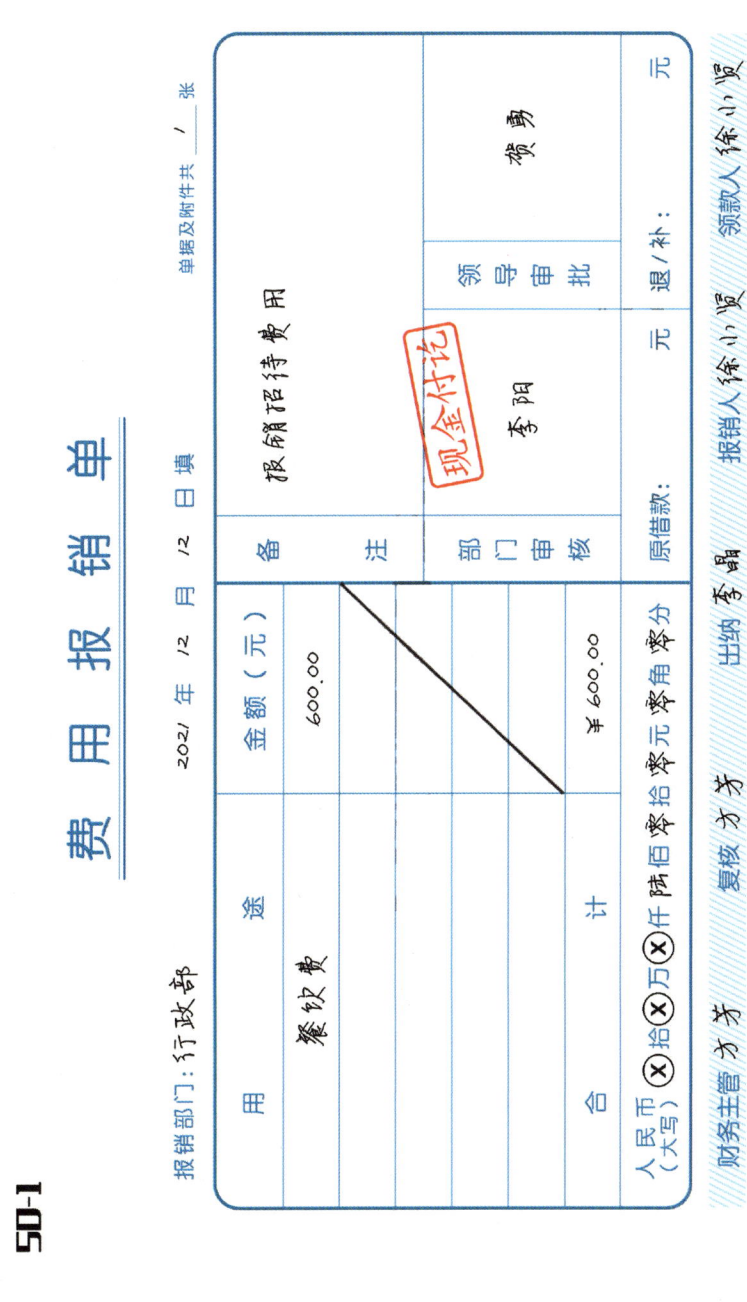

报销部门：行政部

费 用 报 销 单

2021 年 12 月 12 日填

单据及附件共 __1__ 张

用 途	金额（元）	备 注
餐饮费	600.00	报销招待费用
合 计	共600.00	

人民币
（大写） ⊗ 拾 ⊗ 万 ⊗ 仟 陆 佰 零 拾 零 元 零 角 零 分

（印章：现金付讫）

部门审核：李阳

领 号
审 批

金 额

原借款： 元 退/补： 元 领 勇

财务主管 方方 复核 方方 出纳 李明 报销人 徐小娟 领款人 徐小娟

票据簿

50-2

江东省国家税务局通用机打发票

发票联

发票代码 232001901105

发票号码 34629148

密码

客户名称：江东东方服饰有限公司

开票日期：2021-12-12

行业分类：通用发票

机打号码：36596301

机器编码：023549127695

收款单位：江州市翠竹餐饮有限公司

税号：9132068165393476K

项目名称	金额
餐饮费	600.00

除客户名称外手写无效

金额合计(小写) ￥600.00

金额合计(大写) 陆佰元整

税控码：3606 0251 2584 5478 3786

开票人：张曼

票据簿

51-1

中国建设银行
China Construction Bank

中国建设银行单位客户专用回单

流水号：3206021450YUHAQPL90

本回单可通过网点自助设备或建行网站校验真伪

（借方回单）

（收款人回单）

币别：人民币　　　2021年12月12日

		付款人			收款人	
全　称	汇州梧隆贸易有限公司		全　称	江东东方服饰有限公司	
账　号	360589669589090565566		账　号	3603604124771625846	
开户行	中国建设银行汇州市新城支行		开户行	中国建设银行江州市浒江支行	

金额：（大写）人民币伍万肆仟叁佰捌拾肆元整　　（小写）￥54,384.00

凭证种类	电子转账凭证	凭证号码	58124796542
结算方式	转账	用　途	货款

打印柜员：32066045001
打印机构：江州浒江支行
打印卡号：320502590665018

交易机构：360001450

打印时间：2021-12-12

交易柜员：36000145D36

票据簿

例-1

付 款 申 请 单

申请部门：采购部

2021 年 12 月 12 日 填

收款单位	江苏中胜贸易有限公司	付款原因	货款
银行账号	3601123500141000775		
开户行	中国建设银行江州市河海支行		
付款方式	转账		
付款截止日			
人民币（大写）	⊗佰⊗拾柒万捌仟贰佰捌拾零元零角零分	¥ 78280.00	

领导审批 张勇　　财务主管 方芳　　部门主管 张静　　经办人 李明

票据簿

兄-2

中国建设银行
China Construction Bank

中国建设银行单位客户专用回单

流水号:3206021450TY67IUHOP

2021年12月12日

币别:人民币

（借方回单）

（付款人回单）

本回单可通过网点自助设备或建行网站校验真伪

	全　称	江东东方服饰有限公司		全　称	江苏中胜贸易有限公司
付款人	账　号	36036041247716258466	收款人	账　号	36011235001410005775
	开户行	中国建设银行江州市沿江支行		开户行	中国建设银行江州市沥海支行
金　额		（大写）人民币柒万捌仟贰佰捌拾元整			（小写）￥78,280.00
凭证种类		电子转账凭证	凭证号码		48703695O145
结算方式		转账	用　途		收款

打印柜员：32066045001
打印机构：江州沿江支行
打印卡号：3205025906650018

交易机构：36000145O

交易柜员：36000145D36

打印时间：2021-12-12

票据簿

5-1

中国建设银行
China Construction Bank

中国建设银行单位客户专用回单

转账日期：2021年12月12日

凭证字号：3206021450080000010

纳税人全称及纳税人识别号：江东东方服饰有限公司
91370282607784659L

付款人全称：江东东方服饰有限公司
付款人账号：36036041247716258466
付款人开户银行：中国建设银行江州市沿江支行
小写（合计）金额：￥61.00
大写（合计）金额：人民币壹拾壹元整
税（费）种名称 所属时期

印花税 20211101-20211130

实缴金额

61.00

咨询（投诉）电话：12366
征收机关名称（委托方）：国家税务局江东江州分局
收款国库（银行）名称：国家金库江州市支库
缴款书交易流水号：3206021450YUJHBNGTR
税票号码：32021121300000242596

交易柜员：32000145OD36 交易机构：320001450

打印时间：2021-12-12

票据簿

54-1

中国建设银行
China Construction Bank

中国建设银行单位客户专用回单

币别：人民币　　　　　　2021年12月15日　　　流水号:32060021450TYGH876GT

付款人	全称	江东东方服饰有限公司	收款人	全称	员工个人账户		（借方回单）
	账号	360360412477162258466		账号			
	开户行	中国建设银行汀州市沿汀支行		开户行	中国建设银行汀州市沿汀支行		（付款人回单）
金额	（大写）人民币肆万肆仟壹佰贰拾叁元伍角整				（小写）￥44,123.50		
凭证种类	电子转账凭证		凭证号码		48005896410		
结算方式	转账		用途		工资发放		

打印柜员：3206045001
打印机构：汀州沿汀支行
打印卡号：3205025906650018

交易柜员:36000145D36　　　　　　　　　　　　　　　　交易机构：360001450

打印时间：2021-12-15

本回单可通过网点自助设备或建行网站校验真伪

票据簿

票
据
簿

54-2

工资发放表

2021年11月

部门	岗位	姓名	基本工资	津贴	出勤天数	应发工资	应扣个人缴纳保险			税前合计	个人所得税	实发金额	签字
							养老保险	医疗保险	失业保险				
行政部	总经理	贺勇	5,500.00	0.00	满勤	5,500.00	440.00	110.00	27.50	4,922.50	–	4,922.50	贺勇
	行政经理	李阳	5,000.00	200.00	满勤	5,200.00	416.00	104.00	26.00	4,654.00	–	4,654.00	李阳
	行政人员	徐小贤	4,000.00	0.00	满勤	4,000.00	320.00	80.00	20.00	3,580.00	–	3,580.00	徐小贤
	小计		14,500.00	200.00		14,700.00	1,176.00	294.00	73.50	13,156.50	–	13,156.50	
财务部	会计	方劳	5,000.00	200.00	满勤	5,200.00	416.00	104.00	26.00	4,654.00	–	4,654.00	方劳
	出纳	李晶	4,000.00	0.00	满勤	4,000.00	320.00	80.00	20.00	3,580.00	–	3,580.00	李晶
	小计		9,000.00	200.00		9,200.00	736.00	184.00	46.00	8,234.00	–	8,234.00	
销售部	销售经理	李温平	5,000.00	200.00	满勤	5,200.00	416.00	104.00	26.00	4,654.00	–	4,654.00	李温平
	销售人员	郭慧	3,500.00	0.00	满勤	3,500.00	280.00	70.00	17.50	3,132.50	–	3,132.50	郭慧
	小计		8,500.00	200.00		8,700.00	696.00	174.00	43.50	7,786.50	–	7,786.50	
采购部	采购经理	张静	5,000.00	0.00	满勤	5,000.00	400.00	100.00	25.00	4,475.00	–	4,475.00	张静
	采购人员	周斌	3,500.00	0.00	满勤	3,500.00	280.00	70.00	17.50	3,132.50	–	3,132.50	周斌
	小计		8,500.00	0.00		8,500.00	680.00	170.00	42.50	7,607.50	–	7,607.50	
仓储部	仓库主管	李浩	4,500.00	200.00	满勤	4,700.00	376.00	94.00	23.50	4,206.50	–	4,206.50	李浩
	仓管员	曾德锦	3,500.00	0.00	满勤	3,500.00	280.00	70.00	17.50	3,132.50	–	3,132.50	曾德锦
	小计		8,000.00	200.00		8,200.00	656.00	164.00	41.00	7,339.00	–	7,339.00	
合计			48,500.00	800.00		49,300.00	3,944.00	986.00	246.50	44,123.50	–	44,123.50	

票
据
簿

5-1

中国建设银行
China Construction Bank

中国建设银行单位客户专用回单

转账日期：2021年12月20日

凭证字号：3206021450080000010

纳税人全称及纳税人识别号：江东东方服饰有限公司
91370282607784659L

付款人全称：江东东方服饰有限公司

付款人账号：36036041247716258466

付款人开户银行：中国建设银行江州市治江支行

小写（合计）金额：¥17,600.10

大写（合计）金额：人民币壹万柒仟陆佰元壹角整

咨询（投诉）电话：12366

征收机关名称（委托方）：国家税务局江州分局

收款国库（银行）名称：国家金库江州市支库

缴款书交易流水号：320211213000020569

税票号码：320211213000020569

（中国建设银行 电子回单专用章）

税（费）种名称	所属时期	实缴金额
社会保险费 基本职工养老保险费	20211101-20211130	11,832.00
社会保险费 医疗保险费	20211101-20211130	4,708.15
社会保险费 失业保险费	20211101-20211130	493.00
社会保险费 工伤保险费	20211101-20211130	172.55
社会保险费 生育保险费	20211101-20211130	394.40

生成时间：2021-12-20 11:08:12
此回单以客户真实交易为依据，可通过建行网站（www.ccb.com）校验真伪。电子回单可重复打印，请勿重复记账。

票
据
簿

55-2

江州市社会保险费征缴通知单

NO: 30048368

参保单位编号: 123690　　缴费期: 202112　　保费所属期: 202111　　单位: 元

参保单位名称:	江东东方服饰有限公司		缴拨方式:		
应申报工资缴费	49,300.00	49,300.00	缴费人数	11	
缴费项目	单位缴纳	个人缴纳	缴纳项目	单位缴纳	个人缴纳
基本养老保险费	7,888.00	3944	失业保险费	246.50	246.50
基本医疗保险费	3,451.00	986.00	工伤保险费	172.55	——
补充医疗保险费	271.15	——	生育保险费	394.40	——
公务员医疗补助		——			
征缴额:	⊗壹万柒仟陆佰零ctrl		合计:	¥17,600.10	

经办人: 王　波　　经办时间: 2021-12-20　　打印人: 王蓝　　社会保险基金管理中心

备注: 此单据有效期一个月, 过期作废。

票据簿

5b-1

中国建设银行
China Construction Bank

中国建设银行单位客户专用回单

币别：人民币　　　　　　2021年12月23日　　　　　账号：3603604124771625846　　　　流水号：3206021450675UOPHTY

户名：江东东方服饰有限公司		
项目名称	工本费/手续费/电子划费	金额
手续费	12.00	￥12.00
合计金额	（大写）人民币壹拾贰元整	￥12.00

付款方式：转账
业务类型：对公人民币转账、汇款（含退汇）-跨行异地　　　打印柜员：3206045001
摘要：手续费　　　　　　　　　　　　　　　　　　　　　　打印机构：汇州沿江支行
打印卡号：3205025906650018

打印时间：2021-12-23　　　　　　　　　　交易柜员：3200001450D36　　　　交易机构：320001450

票据簿

57-1

中国建设银行
China Construction Bank

中国建设银行单位客户专用回单

币别：人民币　　　　　　　　2021年12月23日　　　　流水号：3206021450Y789UHFGE

户名：江东东方服饰有限公司　　　账号：36036041247716258466

项目名称	起息日	结息日	本金/积数	利率（%）	利息
活期利息	2021-11-01	2021-11-30	99798.76	0.300000	0.83

金额（大写）捌角叁分　　　　　　　　　　　　￥0.83

上列贷款利息，已直接扣划你单位
36060378055200000019账户

打印柜员：32066045001
打印机构：江州沿江支行
打印卡号：32050259066650018

交易柜员：3200001450D36　　　　　　　　　　交易机构：3200001450

打印时间：2021-12-23

票据簿

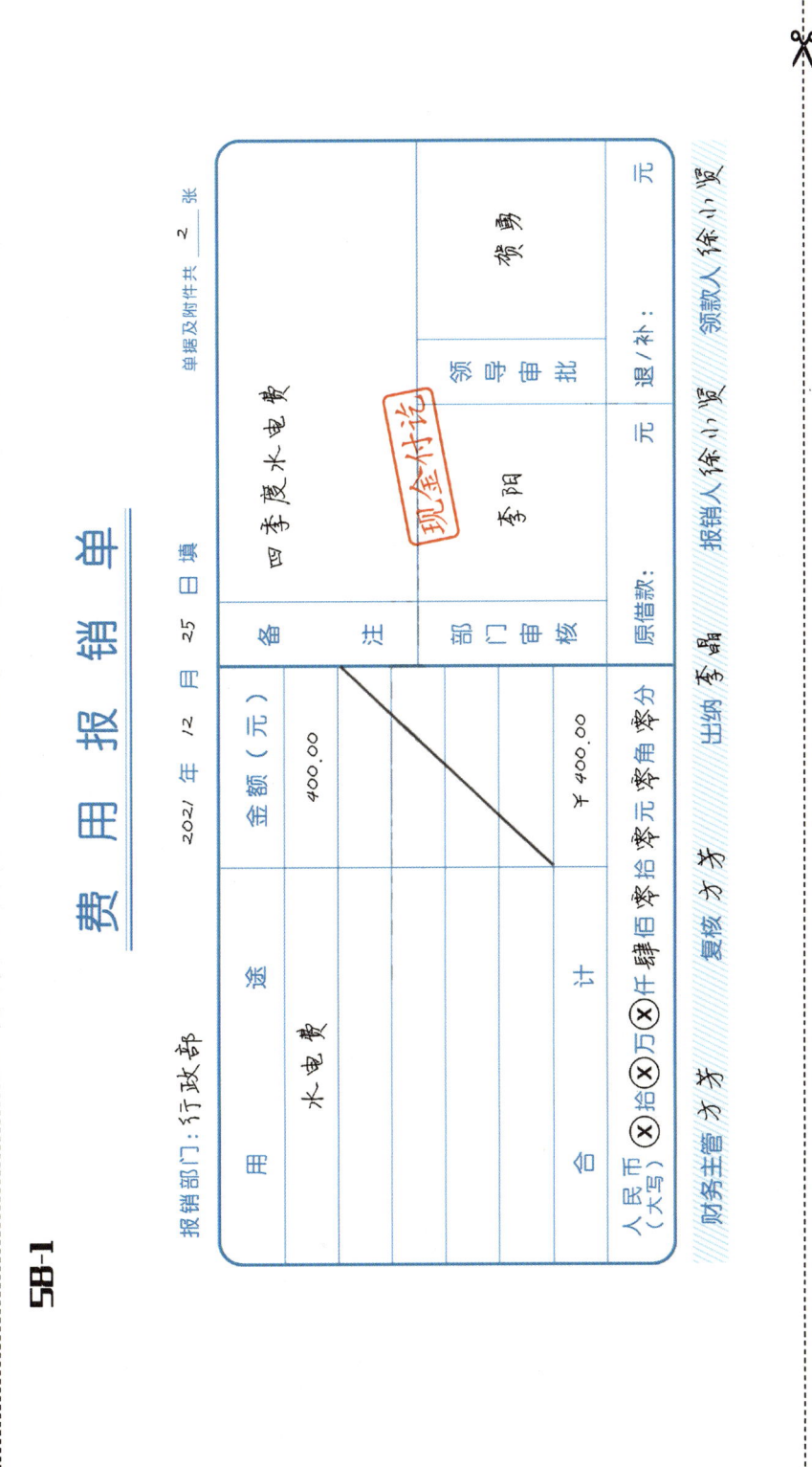

5B-1

报销部门：行政部

费 用 报 销 单

2021 年 12 月 25 日 填

单据及附件共 2 张

用 途	金额（元）	备 注	四季度水电费
水电费	400.00		
		部门审核	李阳
合 计	￥400.00		

人民币（大写）（X）拾（X）万（X）仟肆佰壹拾零元零角零分

领导审批 徐勇

原借款：　　　　元　　　退/补：　　　　元

财务主管 方芳　　　复核 方芳　　　出纳 李娟　　　报销人 徐小婷　　　领款人 徐小婷

（现金付讫）

票据簿

5B-2

0320002001201

江东增值普通发票 № 41996195

0320002001201
41996195

开票日期：2021年12月25日

| 密码区 | 0<84923/>7+840/<->*+729639>5
/>+098>/-32*1-89-4*48+807/
21<7-<80+2*564251918+1838329
5107/9*>5038738*-43692-32+9 |

购买方
名　　称：江东东方服饰有限公司
纳税人识别号：91370282607784659L
地　址、电　话：江州市沿江东路88号0377-6780555
开户行及账号：中国建设银行江州市沿江支行3603604124771625846

货物或应税劳务、服务名称	规格型号	单位	数量	单价	金额	税率	税额
*水冰雪*自来水			1	97.0874	97.09	3%	2.91
合　计					￥97.09		￥2.91

价税合计（大写）　⊗壹佰圆整　　（小写）￥100.00

销售方
名　　称：江州市尚农水务有限公司
纳税人识别号：91370200135902120E
地　址、电　话：江州市沿江西路52号0377-6887755
开户行及账号：中国建设银行江州市沿江支行3600604167716257836

备注

收款人：正欣　　复核：于欣　　开票人：张磊

税总函〔2021〕619号＊＊造币有限公司

第二联　发票联　购买方记账凭证

票据簿

58-3

03200200 1201

江东增值税普通发票

№ 00684522

032002001201
00684522

开票日期：2021年12月25日

名　　称：江东东方服饰有限公司	密	><51587*819+<5/8<719*2731*+5
纳税人识别号：91370282607784659L	码	07>9840+8190+07+9560498<641
地　　址、电　话：江州市沿江东路88号0377-6780555	区	4<981+9*4/-84+6-3<171+-129-5
开户行及账号：中国建设银行江州市沿江支行360360412477162584466		+086>157905059<56*+/29<1>2-

货物或应税劳务、服务名称	规格型号	单位	数量	单价	金额	税率	税额
*供电*电力			1	265.4867	265.49	13%	34.51
合　　计					¥265.49		¥34.51

价税合计（大写）　⊗叁佰圆整　　（小写）¥300.00

名　　称：国网江州电力有限公司	备
纳税人识别号：91370214667273100H	
地　　址、电　话：江州市沿江东路80号0377-6999111	注
开户行及账号：中国建设银行江州市沿江支行360011167716200000	

收款人：陈菲　　复核：陈菲　　开票人：潭燕　　销售方：（章）

税总函〔2021〕619号★★造币有限公司

票据簿

59-1

工资计提表

2021年12月

| 部门 | 应发工资 | 应扣个人缴纳保险 | | | 税前合计 | 个人所得税 | 实发金额 |
		养老保险 8%	医疗保险 2%	失业保险 0.5%			
行政部	14,700.00	1,176.00	294.00	73.50	13,156.50	0.00	13,156.50
财务部	9,200.00	736.00	184.00	46.00	8,234.00	0.00	8,234.00
销售部	8,700.00	696.00	174.00	43.50	7,786.50	0.00	7,786.50
采购部	8,500.00	680.00	170.00	42.50	7,607.50	0.00	7,607.50
仓储部	8,200.00	656.00	164.00	41.00	7,339.00	0.00	7,339.00
合计	**49,300.00**	**3,944.00**	**986.00**	**246.50**	**44,123.50**	**0.00**	**44,123.50**

票据簿

60-1

社保计算表
2021年12月

部门	工资合计	企业							个人					合计						
		养老保险 16%	基本医疗保险7%	补充医疗保险0.55%	失业保险 0.5%	工伤保险 0.35%	生育保险 0.8%	小计	养老保险 8%	医疗保险 2%	失业保险 0.5%	小计	养老保险	医疗保险	失业保险	工伤保险	生育保险	合计
行政部	14,700.00	2,352.00	1,029.00	80.85	73.50	51.45	117.60	3,704.40	1,176.00	294.00	73.50	1,543.50	3,528.00	1,403.85	147.00	51.45	117.60	5,247.90
财务部	9,200.00	1,472.00	644.00	50.60	46.00	32.20	73.60	2,318.40	736.00	184.00	46.00	966.00	2,208.00	878.60	92.00	32.20	73.60	3,284.40
销售部	8,700.00	1,392.00	609.00	47.85	43.50	30.45	69.60	2,192.40	696.00	174.00	43.50	913.50	2,088.00	830.85	87.00	30.45	69.60	3,105.90
采购部	8,500.00	1,360.00	595.00	46.75	42.50	29.75	68.00	2,142.00	680.00	170.00	42.50	892.50	2,040.00	811.75	85.00	29.75	68.00	3,034.50
仓储部	8,200.00	1,312.00	574.00	45.10	41.00	28.70	65.60	2,066.40	656.00	164.00	41.00	861.00	1,968.00	783.10	82.00	28.70	65.60	2,927.40
合计	49,300.00	7,888.00	3,451.00	271.15	246.50	172.55	394.40	12,423.60	3,944.00	986.00	246.50	5,176.50	11,832.00	4,708.15	493.00	172.55	394.40	17,600.10

固定资产折旧计算表

2021年12月31日

51-1

使用部门	类别	名称	入账日期	原值	预计净残值率	预计净残值	预计使用年限	年折旧额	月折旧额	累计折旧
行政部	家具工具器具	办公桌椅	2021-10	2,472.00	5%	123.60	5	469.68	39.14	78.28
	家具工具器具	文件柜	2021-10	576.80	5%	28.84	5	109.59	9.13	18.26
	电子设备	电脑	2021-10	14,238.00	5%	711.90	3	4,508.70	375.73	751.46
	电子设备	打印机	2021-10	2,260.00	5%	113.00	3	715.67	59.64	119.28
财务部	家具工具器具	保险柜	2021-10	1,236.00	5%	61.80	5	234.84	19.57	39.14
合 计				20,782.80		1,039.14		6,038.48	503.21	1,006.42

制单：方芳

票
据
簿

62-1

租金管理摊销表

所属期限：2021年12月

单位：元

项目	金额	摊销期间	摊销期（月）	月摊销额	累计摊销额	剩余摊销金额
房租	30,000.00	2021.10-2022.12	15	2,000.00	6,000.00	24,000.00

制单：方芳

票
据
簿

票据簿

日-1

销售成本计算表

年　月　日

单位：元

商品名称	期初库存			本期购入			加权平均单位成本	本期销售			期末库存		
	数量	单价	金额	数量	单价	金额		数量	单价	金额	数量	单价	金额
男式运动服套装													
女式运动服套装													
合计													

备注：加权平均单位成本保留2位小数。

票据簿

54-1

增值税减免明细表

2021年12月

日期	营业收入	应交增值税	减：开具专用发票应纳增值税	实际减免税额
2021年10月				
2021年11月				
2021年12月				
合计				
备注	小规模纳税人发生增值税应税销售行为，合计月销售额未超过15万元（以1个季度为1个纳税期的，季度销售额未超过45万元）的，免征增值税。《国家税务总局关于小规模纳税人免征增值税征管问题的公告》（国家税务总局公告 2021 年第 5 号）			

票据簿

票
据
簿

55-1

附加税费计提表

年　月　日

单位：元

应交税费明细项目	计算依据	金额	税率	应纳税费	备注
城市维护建设税	应交增值税				
教育费附加	应交增值税				
地方教育附加	应交增值税				
合　计					

审核人：　　　　　　制表人：

55-1

当期损益计算表

年　月　日

单位: 元

收入类科目	本月发生额	费用类科目	本月发生额
主营业务收入		主营业务成本	
其他业务收入		其他业务成本	
营业外收入		税金及附加	
投资收益		管理费用	
		销售费用	
		财务费用	
		资产减值损失	
		营业外支出	
合　计		合　计	

当期损益（利润为正，亏损为负）

制单:

票据簿

5B-1

中国建设银行股份有限公司活期存款明细账

币别：人民币　　账号：36036041247716258466　　账户名称：江东东方服饰有限公司　　日期：20211201至20211231　　第1页

日期	凭证种类	凭证号码	摘要	对方户名	发生额 借方	发生额 贷方	借贷	余额	交易流水号
			期初余额				贷	166,577.90	3206021450YUHH167NGY
20211203	电子转账凭证	45851265892	存现	江东中胜贸易有限公司	20,000.00	20,000.00	贷	186,577.90	3206021450TGETYHL1O
20211205	电子转账凭证	15852113654	贷款				贷	166,577.90	3206021450TYGHBHY67
20211209	电子转账凭证	78541165238	存现			1,236.00	贷	167,813.90	3206021450TYGH567YU
20211211	电子转账凭证	85453258965	广告费	江州市凤飞广告有限公司	2,500.00		贷	165,313.90	3206021450YUHAQPI.90
20211212	电子转账凭证	58124796541	贷款	江州信隆贸易有限公司		54,384.00	贷	219,697.90	3206021450Y67TUHOP
20211212	电子转账凭证	18703695014	贷款	江东中胜贸易有限公司	78,280.00		贷	141,417.90	3206021450VUJHBNGTR
20211215	电子转账凭证		印花税		61.00		贷	141,356.90	3206021450TYGH876GT
20211220	电子转账凭证	48005896641	工资		44,123.50		贷	97,233.40	3206021450T6JH8FEQ
20211223	电子转账凭证		社会保险费		17,600.10		贷	79,633.30	3206021450T0OPHTY
20211223	电子转账凭证		手续费		12.00		贷	79,621.30	3206021450671OPHTY
	电子转账凭证		利息			0.83	贷	79,622.13	3206021450Y89UHFGER

打印时间：2022 01 01 14:23:47　　打印机构：建设银行江州沿江支行　　打印柜员：320616036AJ4　　打印卡号：320502590665018

票据簿

68-2

增值税普通发票资料统计

制表日期：2022年01月01日
所属期间：2021年12月~12月
税控盘 2021年12月~12月　资料统计
纳税人识别号：　91370282607784659L
企业名称：江东东方服饰有限公司
地址电话：江州市沿江东路88号 0377-6780555

★　发票领用存情况　★

期初库存份数	20	正数发票份数	2	负数发票份数	1
购进发票份数	0	正数废票份数	0	负数废票份数	0
退回发票份数	0	期末库存份数	17		

★销 项 情 况★
金额单位：元

序号	项目名称	合计	3%
1	销项正废金额	0.00	0.00
2	销项正数金额	118,400.00	118,400.00
3	销项负废金额	0.00	0.00
4	销项负数金额	43,200.00	43,200.00
5	实际销售金额	75,200.00	75,200.00
6	销项正废税额	0.00	0.00
7	销项正数税额	3,552.00	3,552.00
8	销项负废税额	0.00	0.00
9	销项负数税额	1,296.00	1,296.00
10	实际销项税额	2,256.00	2,256.00